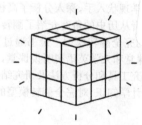

教育科技进课堂
高校外语课堂的翻转应用

EdTech in Higher Education
Flipped Language Instruction in EFL Classrooms

周冰 ◎ 著

上海交通大学出版社
SHANGHAI JIAO TONG UNIVERSITY PRES

内容提要

　　本书以中国高校英语课程教学现状入手,深入分析了高校外语教学存在的诸多问题,进而提出了翻转英语课堂的概念。作者从历史的角度介绍了翻转课堂的发展过程及其在外语课堂中的应用,进而提出了英语课堂的完全翻转模型。全书通过三个具体的实验案例——学术英语读写课堂、大学英语基础读写课堂和大学英语视听说课堂,深入介绍了完全翻转课堂在教学中的应用和效果,对课程设计、研究工具和分析方法及研究结果进行了深入讨论。本书采用实验的方法,通过数据调查,结合统计学知识,对完全翻转模型的效应做了不同纬度的分析。

图书在版编目(C I P)数据

　　教育科技进课堂:高校外语课堂的翻转应用 / 周冰著.—上海:上海交通大学出版社,2022.10
　　ISBN 978-7-313-27392-5

　　Ⅰ.①教… Ⅱ.①周… Ⅲ.①英语-课堂教学-教学研究-高等学校 Ⅳ.①H319.3

　　中国版本图书馆 CIP 数据核字(2022)第 162728 号

教育科技进课堂——高校外语课堂的翻转应用

JIAOYU KEJI JIN KETANG──GAOXIAO WAIYU KETANG DE FANZHUAN YINGYONG

著　　者:	周　冰			
出版发行:	上海交通大学出版社	地　　址:	上海市番禺路 951 号
邮政编码:	200030	电　　话:	021-64071208
印　　刷:	苏州市古得堡数码印刷有限公司	经　　销:	全国新华书店
开　　本:	710mm×1000mm　1/16	印　　张:	12
字　　数:	215 千字		
版　　次:	2022 年 10 月第 1 版	印　　次:	2022 年 10 月第 1 次印刷
书　　号:	ISBN 978-7-313-27392-5		
定　　价:	68.00 元		

前　言

"翻转课堂"这一理念源于美国经济学家莫林·拉赫(Maureen Lage)等学者在 2000 年提出的"颠倒课堂"理论。在翻转课堂中,教学从传统的课上转移到了课下,用于上课的材料和资源由教师在课前提供给学生,而课堂上的集体学习空间转化成一个灵活的互动学习环境,从而允许教师进行个性化教学、小组协作等活动,帮助学生掌握学习目标[1]。

2011 年,大名鼎鼎的可汗学院(Khan Academy)创始者可汗(Salman Khan)在 TED 演讲中将"翻转课堂"教育理念介绍给全世界[2]。随后,该模式受到学术界的热烈追捧,相关的研究呈爆发式增长。翻转模式对于教师提出更高的要求,这就是翻转虽好,却仍让人望而却步的原因。到底该怎样翻转大学英语课堂、运用哪些教育科技手段、如何进行课堂教学设计,是许多摩拳擦掌想要实施翻转课堂教学方式的教师的共同疑问。

本书揭开了翻转课堂的神秘面纱,展示了翻转课堂的理论框架、翻转课堂的教育设计、翻转课堂的研究计划、翻转课堂的实证研究并附加了翻转课堂体验者的课程感想。

全书共分四章。第一章首先介绍了中国高校的英语课堂现状,描述了传统英语课堂的问题(例如忽视学生素质培养、缺少教育信息关照等),介绍了与时俱进的大学英语指导方针并列举了一些大学英语教师的翻转课堂教学。其次,作者娓娓道来翻转课堂的发展历史,包含起源、优势、面临的挑战和在外语教学中的应用。最后,作者从理论层面对完全翻转模型进行了解构和说明。完全翻转模型是基于修订版的布鲁姆教育目标分类理论、任务教学法和加涅九大教学事件为理论基础的课程设计模型。

本书的第二章为完全翻转模型应用实例研究与分析。本章 A 大学的学术英语阅读课程的设计,包括研究方法、研究问题、研究框架与研究变量等内容。其次,本章介绍对于 A 大学的学术英语阅读课程的完全翻转设计,详细讲述了研究背景和研究受试者,研究工具和研究实施程序。最后,本章介绍了 A 大学的学术英语阅读课程的完全翻转设计,将目光聚焦于数据收集、分析和结果讨论。第三章是对完全翻转模型拓展实例的研究与分析,重点介绍了研究者在 B 大学复制了 A 大学的完全翻转研究,用完全翻转模型设计了大学英语阅读课程,并分析了数据,对结果进行了讨论。此外,本章还介绍了完全翻转模型在大学英语视听说课程中的应用实例,从课堂教室设计的角度来对比学生的学习成果、学习满意度、高阶知识习得评价、课堂交流和学习体验。第四章总结了三次课堂实践研究的过程和结果。本书附录为三次访谈札记,记录学生在三次教学实践中的学习体验,这些宝贵的体验为教师的教学设计提供了更多的灵感与启示。

目　录

第一章
CHAPTER ONE

现状与历史

第一节　中国高校英语课堂现状

相信大多数读者都有过学习英语的经历。大家学习英语的原因也千差万别：可能因为英语课多年来稳居课程表的 C 位，和语文、数学一起组成了不得不学的语数外天团；也可能因为热爱英美文化；或者因为想要习得一门语言技巧，总之，不论出于何种原因，抑或为了何种目的，大多数人都和英语有过几年甚至十几年的缘分。有研究表明，中国现有的英语学习人口在世界英语学习者中占据最大席位，甚至超过了美国以英语为母语的人口数量[3]。国家统计局 2012 年的数据表示，约有 2500 万中国大学生正在学习英语[4]。笔者看到这些数据的时候既吃惊又自豪，作为奋战在教学一线的英语教师，没想到我们的学生们竟能构成如此庞大的人口数量。说到这里，如果这位读者碰巧也学过英语，那恭喜啦，您和我都是这人口大海里的小水滴。

一、传统英语课堂的问题

如果您上过大学英语课程，那还记得英语课堂是什么样子的吗？不知道同学们是热情高涨地进行对话训练呢，还是昏昏欲睡地听老师唱"独角戏"呢？

若把这个问题抛回给笔者，笔者就只能说出李雷和韩梅梅①了。

什么？李雷和韩梅梅可不是大学英语课本上的人物？

好吧，其实笔者脑海中的大学英语课堂已经有一些面目模糊了。大家理解一下，毕竟英语课一周只上几次，一共只上一至两年。笔者只能勾勒出一个大概的画面：偌大的阶梯教室，乌压压的听课人群，坐在教室后排的学生可能连老师的脸都看不清。对认真的学生来说，占一个教室前排的座位可太重要了！笔者当年为了占早上 8 点英语课的前排座位，7 点就去教室自习，凭一己之力造福寝室 4 人。也许读者们和笔者一样，对于课程本身的记忆远不及对青春的回忆，但不可否认，传统大学英语课堂面临着许多的问题。

首先，作为语言习得课程，大学英语课留给学生课堂实践的机会并不多，传统课堂还是以教师授课、学生听讲为主。这样的授课模式导致了所谓"哑巴英语"的情况，即学生会读能写，但是在语言表达方面却捉襟见肘[5]。学生不

---

① 李雷和韩梅梅为 20 世纪 90 年代版人民教育出版社出版的初中英语教材中的两个虚拟人物，2001 年改版后不再出现。该教材在中国各地广泛使用，使用人数过亿，而学习使用该教材的学生绝大多数为"80"后，因而这两个人物成了"80 后"学生时代的重要回忆。

会说,在语言方面的信心就不足;学生信心不足,在课外说英语的可能性就大大降低。

事实上,学生基本只在英语课堂上使用英语,并且是为了完成教师的教学任务而使用英语,并不是为了沟通交流[6]。大家还记得一个广为流传的中式英语段子吗? We two who and who? (咱俩谁跟谁?)读者们可能会觉得这是个恶搞段子,但如果在谷歌搜索中输入"We two who and who",有接近60万的直接关联词条,这说明这个中式表达的影响力还真不小。虽然有时中式英语看着也挺逗趣的,但作为教师,笔者自然不希望学生张口就是中式英语。琼·平克姆(Joan Pinkham)认为"中式英语"是中国人在学习和使用英语时,因受汉语思维方式或文化的影响而拼造出不符合英语表达习惯的、具有中国特征的英语。尽管理解可能不是问题,可是"中式英语"是无法被接受的[7]。流利地道的表达需要积累和练习,如果学生的语言实践机会过少,可能会出现令人啼笑皆非的语言表达。外语作为一个应用工具,不应该只是纸上谈兵。

其次,学生的英语学习多是出于应试所需,即学生在初高中为了升学考试学英语,到了大学为了通过四六级考试而学习英语,应用英语来解决实际生活问题的能力并不高[8]。课程缺乏人文知识结合,学生缺乏批判性思维能力。现在中国与世界的政治、经济、文化交流越来越密切,中国需要走向世界,世界需要了解中国。在这样的时代背景下,在大学的教育框架中,英语教育更应该培养学生批判性思维能力,陶冶学生情操,发展学生个人素质,而非局限于通过某种语言能力考试。

最后,随着教育信息化的不断发展,教师们对混合式教学模式越来越青睐,学生和教师更多地依赖互联网来获取知识和信息,然而教师和学生在信息化的学习过程中均缺乏身份的转变,而教师也缺少教学方式的变化,因而也造成了一些问题[9]。

比如一些教师非常害怕教育科技,对他们来说,"科技"不但帮不上忙,反倒成了课堂的不确定性因素,远不如传统课堂稳定。例如网络会议室打不开,网速太慢,操作不熟练等,都会影响课堂效果。然而受新冠肺炎疫情的影响,很多教师不管情不情愿都有了网络授课的经验。如果教师在网络会议室中也像在教室里一样滔滔不绝用外语唱着"独角戏",甚至有些教师都不准备多媒体演示文件,则学生在网络环境中更容易因为一些"诱惑"而走神,从而导致学习效率低下。教育信息化当然是科技给教育带来的福祉,但如何正确高效使用确实需要学者们进一步钻研思考。以下是当代大学英语课堂一些共有的问题,让我们一起来看一看。

（一）语言输出不够

传统大学英语课程主要以单向的语言基础知识输入为主导,缺乏足够的语言输出。谭雯婷曾在英语专业的大学二年级学生中抽取了 47 名商务英语班级的学生进行语言测试和问卷调查。结果显示,60%以上的学生在听力和阅读测试中能达到雅思 7 分的水平,而只有不到 20%的学生在写作和口语能力方面达到雅思 7 分水准。语言测试结果反映出学生的听力阅读能力高于写作和表达能力。问卷调查显示,85%的学生反映在英语专业技能课程中,教师的授课时间比学生的练习时间多;52%的学生认为英语专业课程与高中强调的应试型听说读写译语言训练并无太大区别。虽然谭的研究结果只能说明该校英语课程的问题,但窥一斑而见全豹,英语专业技能课程总体仍处于教师为中心,语言输入大于输出的传统教学模式[10]。

早在 1985 年,加拿大语言研究学者梅里尔·斯温（Merrill Swain）就提出"能理解的语言输出假说"（comprehensible output hypothesis）,指出仅有语言输入并不能保证学习者在外语语法表达的准确性等方面达到近似母语者的水平,学习者只有通过运用所学语言才能达到这一目标,并提出语言输出是语言学习中不可或缺的重要环节[11]。

然而以传统听说教学模式举例:在传统的大学英语听说教学模式中,教师播放音频或视频学习资料,学生边听边做习题,再由教师发布正确答案、解答思路和技巧,之后教师再次播放学习资料以加强学生的掌握程度,最后由学生自主练习和复习、消化课程中的知识点。

显然,在这样的教学模式中,教与学、输入与输出的比例存在严重失衡,导致学生语言操作技能低下。另外,在这种教师作为主体的教学模式中,教师和学生很少进行互动,教学方式比较乏味,教师无法顾及个别学生的学习能力。而学生作为被动学习者,普遍对学习兴趣不大,也不会主动将智能移动设备用来进行学习。

（二）忽视学生素质培养

大学英语的课程质量问题包括教材质量和授课内容质量两方面。先谈教材质量,蔡基刚[12]、王初明[13]、江全康[14]等专家就指出现有各种大学英语教材贴近学习者日常生活的真实语料少,任务设计存在明显的应试倾向,练习无法激发学习者的内生表达动力以及教材编写存在同质化问题等。

不少实证研究也验证了上述专家的观点,我们来看看2008年到2013年分别进行的四个大规模学生问卷对于大学英语课程教材质量的学生满意度调查结果。

(1)2008年,刘丽和刘梅华问卷调查了875名学生,只有6.06%的学生是因"教材内容新颖丰富"而学习英语[15]。

(2)2009年,赵庆红等学者对2283名学生的调查结果显示,65.3%的学生认为大学英语教材"内容趣味性差",49.5%的学生认为"内容缺乏时代感",41.4%的学生认为"实用性不强",35.3%的学生认为"不能满足需求"[16]。

(3)2010年,崔敏和田平问卷调查了1036名学生,超过半数以上的学生要求"对所用英语教材进行颠覆性的改革"[17]。

(4)2013年,郭燕和徐锦芬对607名学生的问卷调查同样发现,"学生对教材内容能否激发学习兴趣、能否保证学习的可持续性评分较低"。作为教学内容的重要载体,教材质量的高低直接影响了学生的学习效果。进入21世纪后,随着电子信息技术的发展,如何实施基于课堂和计算机网络平台的混合式教学模式对教材建设提出了更高的要求[18]。

对比教材质量,授课内容质量对教师来说是一个比较尖锐的话题,这里我们不谈个别情况,只谈一些普遍的问题。传统大学英语课程以单纯语言训练为内容,缺乏人文知识的结合,缺乏思辨能力的培养。谭雯婷曾随机抽取了30名商务英语专业毕业生进行问卷调查,发现学生对英美文学作品的认识寥寥无几,对古希腊罗马神话等的了解近乎空白[10]。语言如果只作为一种工具来学习,则过于功利,而且学习者也无法领悟语言的真正内涵。外语作为一门人文学科,其教学不应该只突出语言的工具性和实用性,更应该注重学生人文素养的培养。

另一方面,国内不少知名学者如黄源深、孙有中、文秋芳等均指出我国外语专业学生普遍存在"思辨缺席症"问题[19]。思辨能力的培养在语言技能课程设置中占比严重不足,甚少能贯穿整个教学过程。大学的最终培养目标应是更高层次的思维培养,正如文秋芳教授指出,"如果将分析问题和解决问题的思辨力作为教育目标,这种具有综合性、迁移性、系统性的能力能够让学生终身受益。如何加强语言技能课程的思辨能力培养已成为当今课程改革亟须解决的问题"[20]。

（三）缺少教育信息关照

随着信息技术和智能技术的发展,教育科技也不可避免地进入了大学英语课堂,然而仍有大量英语教师缺少教育信息素养。

首先,教师缺少信息意识。教师对教育信息化的内涵理解不够,不能主动关注教育信息化的发展,不能合理地评价信息资源对教育教学和学生发展的价值。因此,在接受校方的信息化素养培训时,教师过分关注信息的形式,不能依据教学特点确认学科信息需求的方向性。

其次,教师信息应用能力不足。教师不能对信息进行高效的甄别和准确的解释,不能有效地整合、加工、创新和利用相关的信息来解决教育教学中遇到的问题。同时,多数英语教师的知识结构不够合理,对计算机技能和互联网技术一知半解,因而在具体教学中,教师对教学课程的设计缺少专业性,没有考虑英语学科特点、知识体系和信息需求等问题,出现了教学内容设计不新颖、重点不聚焦、教学结构不合理、语言教学特色不突出以及师生互动不活跃等现象,使技术和课程内容不能深度融合。

最后,教师的角色在信息时代也需要转变。当今世界人们获取知识的方式越来越多样化、多元化。比如从前需要挤着听的专家讲座现在通过网络直播或在线会议的形式就能轻松获取。如果当时没时间也没关系,很多内容会以文字或视频的形式在网络上被搜到。在这样的时代背景下,老旧的"填鸭式"教学方式显然不能支撑学生的学习需求。而学生在信息时代的学习过程中也存在诸多问题。比如学生过分依赖智能设备,一有问题首先想到的就是查百度,失去了主动思考的能力。还有一点不得不提,智能设备的诱惑实在太大。爱看新闻的读者一定也见过"某某刷抖音一下午""玩手机游戏致沉迷"之类的报道。学生也一样,他们也需要学习如何正确使用移动设备,例如如何使用手机词典,哪些 App 能够帮助学习等。这就要求教师转变教学方式和教学理念,重新找准定位,指导学生通过信息技术的帮助进行有效的自主学习。

那么问题来了,传统大学英语课程既然存在那么多的问题,我们该如何解决呢? 事实上,教育部为了改善大学英语教学质量,不断地修改更新对于大学英语课程的指导方针。让我们来看看这些政策文件都有什么样的变化。

二、与时俱进的大学英语指导方针

大学英语课的历史非常悠久,课程指导也在不断更新。1985 年,国家教委颁布的《大学英语教学大纲(高等学校理工科本科用)》中,"大学英语"第一次取代了"公共英语",作为课程名称出现在了大众视野之中。那么理工科有了教学大纲,文科怎么办呢? 作为对1985年版大纲的补充,1986年,国家教委又颁布了《大学英语教学大纲(文理科本科用)》。事实上,这两版大纲是中国最早的大学英语教学大纲,也是最完整翔实的教学大纲。大纲提出了分级教学的模式,即将基础英语教学划分为六个等级。1-4级为必修英语,5-6级为选修英语。此后,英语成为非英语专业大学生们主要的外语课程。那么问题来了,如果不涉及非常专业的术语,理工科和文理科的英语有那么大的不同吗? 不同到需要设立两个不同的教学大纲吗? 有学者指出,文科、理科和工科的知识是互相渗透的,专业之间的明确划分并不合理[21]。

1999年,教育部重新修订了大学英语教学大纲,将1985和1986两版大纲进行了合并,不再对文理工科进行教学区分,也方便了教师的教学管理和效果评估,被视作一次教育改革的大进步。此外,1999年的大纲认识到了全国教育发展并不平衡,为了适应中国多样化的教学环境和需求,大纲要求大学认真履行分级教学的要求。具体来说,大学应该根据学生的英语水平将他们分到不同的班级,并为那些达到六级的高水平学生提供高级英语课程。随着时代的发展,大学英语课程也经历了一轮轮的改革[22]。

2003年,新一轮的大学英语教学改革开始进行;2004年教育部发布了试行版的《大学英语课程教学要求》;经过一些修改,2007年,课程要求在全国范围内公布。2007版的课程要求在许多方面都有所创新,比如对于英语能力的评估不再侧重于读写能力,同时强调了学生的听说能力;利用现代信息技术促进教学创新;以及将形成性评价与终结性评价相结合的评价方式[23]。

2014年教育部提出研制《大学英语教学指南》,2016年指南正式发布。2016版指南保留了2007版课程要求的优势,也增加了一些创新的特性:第一,它把英语的实际应用放在了首位;第二,它确立了英语的三级教学目标,并提出了相应的三级教学要求;第三,它强调开发多元化的评价和测试系统;第四,它高度重视教师的发展。2016版指南为大学英语教育提供了新的方向[24]。

2018年12月,教育部高等学校大学外语教学指导委员会召开了第一次全体会议,确定了修订2016版指南的总体工作目标与任务。指南修订工作于2019年3月启动,2020年7月全部完成。2020版指南在大规模调查问卷的基础上,对2016版指南在课程思政、教学要求、教学内容、教学方法与手段、教师发展等五个方面进行了重点修订。2020 版指南明确提出了大学英语课程的思政要求,寓价值观引导于知识传授和能力培养之中,帮助学生塑造正确的世界观、人生观、价值观。2020 版指南参考了 2018 年 2 月发布的《中国英语能力等级量表》,同时结合了大规模问卷调查的结果,对大学英语教学基础目标、提高目标、发展目标三个级别教学要求的描述中,提供了总体描述和语言单项技能描述。教学内容的主要载体是教学材料,2020 版指南对大学英语教材的编写、选用等提出了指导性意见,指出大学英语教材编写的指导思想应体现新时代新要求,体现党和国家对教育的基本要求,服务高等教育教学改革和人才培养,反映人类文化知识积累和创新成果。在教学方法上,2020 版指南突显信息技术和智能技术在大学英语教学中的应用。在教师发展上,2020 版指南对高校大学英语教师提出了五个方面的素养提升要求,即育人素养、学科素养、教学素养、信息素养和科研素养[25]。

　　以上是大学英语课程指南修订的变化,那么大学英语教学改革要如何解决传统英语课堂里存在的问题呢?如前文所述,教育部为了改善大学英语课程,在 2007 年公布了《大学英语课程教学要求》,在 2016 年发布了《大学英语教学指南》,又在 2020 年完成了对 2016 版指南的修订。2007 版的教学要求适时地提出了引入计算机与课堂相结合的教学模式,旨在借助信息和通信技术来重塑传统的教师为中心的教学模式。而 2016 年的教学指南鼓励教师采用任务型、项目型、探究型和案例型等教学方法,特别呼吁发展基于翻转课堂教学法的混合教学模式。2020 版的指南修订着重提出了提升大学英语教师信息素养的要求。作为对指南的响应和执行,许多大学英语教师采取了翻转课堂教学实践。

三、中国大学英语教师的翻转课堂教学实践

　　翻转课堂作为常见的信息化教学应用模式之一,也被称作颠倒课堂。它是指在信息化环境中,课前由教师提供以教学视频为主要形式的学习资源,学生在上课前完成对教学视频等学习资源的观看和学习,师生在课堂上一起完成作业答疑、协作探究和互动交流等活动的一种新型教学模式[26]。

　　翻转课堂教学模式最主要的特点是重新建构学习流程,学生利用课外时间学习知识,在课堂上进行问题研讨、作业及成果展示;教师利用课外时间进行新课视频课件的录制与制作,课堂上进行作业点评及辅导答疑[27]。

　　翻转课堂的理念来源于美国科罗拉多州落基山的林地公园高中。两位老

师为了给因病无法上课的学生补课,利用录屏软件录制演示文稿及教师讲课音频,并将制作好的视频放置在网站上供缺课的学生使用。从未缺席的学生也可以使用在线资源,主要用于复习和强化课堂教学内容。该教学方式逐渐成为研究热点,为众多教师所熟知[28]。

然而,源于美国的翻转课堂理念能够融入中国大学英语教育吗? 许多学者提出了翻转课堂本土化的策略和反思。

(1)对比中外文化差异:杨晓宏和党建宁对比了中美教育文化差异,分析了翻转课堂教学模式在美国成功施行的内部驱动和外部动力。在此基础上,他们提出了我国实施翻转课堂教学面临的问题与发展路径,并从意识观念、实践操作和模式创新三个维度构建了翻转课堂教学模式的本土化策略体系[29]。

(2)整理教学特点:娄伟红和陈明瑶结合大学英语教学的特点和现状,提出了三条大学英语翻转课堂教学的建议:①学习材料多模态化,促进积极主动学习;②利用大数据优势,共享优秀教育资源;③依靠交流工具,拓展学习平台[30]。

(3)游戏化策略:刘倩提出了游戏化的策略,特别是游戏精神与翻转式教学法的有效整合可以使课堂翻转的形式更具内涵,使课堂教学焕发生机[31]。

大学英语课程有各种课型,例如视听说课,读写译课和其他文化类技能拓展类等课程。不少研究者结合大学英语不同课型的特点,对翻转课堂教学模式的构建进行了探索。

(1)视听说课型:严姣兰、张巍然、于媛翻转了大学英语视听说课程,提出了翻转前期要根据"最近发展区"理论精心设计《自主学习计划单》,在教学实践中及时总结、反思和交流,不断完善材料和相应习题,逐渐打造专属翻转课堂的教学资源库[32]。公佳颖详细描述了翻转课堂视角下的语音教学模式的构建,将教学过程分为课程建设、课前学习、课上内化和课后反馈四个部分。学生在课前自学教学视频,每个视频开头都有主导问题,学生自学后在 QQ 群内进行讨论。而在课上,教师组织学生对主导问题进行回答、进行小组讨论并进行语音纠错[33]。

(2)读写译课型:孙彦彬用游戏化的设计方式翻转了大学英语读写译课程,游戏化翻转的班级英语水平明显高于未翻转的对照班,证明了游戏化翻转课堂教学模式对学生学习动力的持续促进作用[34]。

　　还有不少学者结合微课、慕课(massive open online courses，MOOCs，大规模开放在线课程)、SPOC(small private online course，小规模限制性在线课程)等新兴教育技术进行大学英语的翻转课堂模式构建。

　　(1)微课：卢海燕探讨了基于微课的大学英语"翻转课堂"模式的可行性，认为翻转课堂教学模式具有让学生自主掌控学习、促进学生学习互动、提高学生心理优越性等优点[35]。谢永朋和徐岩将微课支持下的翻转课堂教学模式应用于高职院校的多媒体软件教学上，以层次化微课为核心的课前学习、探索性任务为驱动的课堂互动、多元化评价引导下的课后反思三个阶段构成。他们提出思维导图支持下的结构化微课使学生不至于在碎片化的学习过程中迷失[36]。

　　(2)慕课：胡杰辉和伍忠杰基于大学英语教材自主开发设计外语课程，同时配备了八个主题单元的翻转课堂教学活动。每个单元在线 MOOC 平台为学校自建，包括视频讲座、在线作业、在线讨论和进度查询三个部分，学生可以通过手机进行移动学习。课堂教学和评价活动设计按照基于自主学习的项目活动式展开，每个单元都以小组口语报告和个人书面写作两种形式完成一个项目；课堂教学活动包括基于视频和在线作业的单元主题问答和讨论、单元词汇互动听写、单元优秀作文反馈分享等[37]。

　　(3)SPOC：吕婷婷和王娜利用爱课程网和网易云课堂联合推出的中国大学 MOOC 平台中的 SPOC 功能，以自建的方式开设大学体验英语学校专有课程，充分利用校园课程资源，将线上与线下教与学相互融合，并建立微信公众账号，配合课程进度定期展出学生优秀作品，激发其学习英语的兴趣[38]。

　　此外，也有学者专门探讨适合翻转课堂使用的教育技术平台，旨在寻找多元化的翻转途径和方式。

　　(1)各类教学、即时通信 App：张靖通过研究微信在大学英语听说教学中的应用，发现微信有助于节省课堂教学时间[39]。谢永朋和徐岩也提到微信技术支持下的移动学习共同体使学生不至于在课外学习的过程中无助[40]。郭情采用准实验方式研究了云班课 App 在大学英语听力翻转课堂的教学实践，结果表明云班课 App 支持的翻转课堂英语听力教学能够有效提高学生听力水平，提高自主学习能力[41]。于中根和陈文涛发现 Clicker (课堂实时反馈)系统辅助的大学英语翻转课堂能够提升元认知水平，降低认知负荷并提高大学英语学习成绩[42]。

(2)语料库:陈圣白运用口译语料库实施口译翻转课堂教学,对口译教学内容体系、技能体系、任务体系与评价体系进行了创新设计研究,从而创建一个语料库驱动下的口译翻转课堂教学模式[43]。

(3)课程管理系统:何冰艳和李群提出未来教学中有机融合 Moodle(某课程管理系统)、MOOC 及翻转课堂的可能;以 Moodle 作为课程管理平台,MOOC 作为优质资源,翻转课堂作为教学模式,可以有效提高课堂质量[44]。

(4)虚拟现实技术:李晓东和曹红辉依托虚拟现实技术(VR)建立无缝式翻转课堂且分析了该模式的特点,并应用于"新闻英语视听说"课堂进行实证研究,取得了良好的实践效果[45]。

经过翻转课堂多年的本土化实践,这种教学模式早已被证明了可以提高学生的学习成果,提升学生的学习体验。翻转课堂也已经对全球各个层次的学习方式产生了巨大的影响,正如翻转课堂模式的开拓者之一伯格曼(Jonathan Bergmann)在 2017 年所说:"现在这个时候,已经到了停止讨论翻转模式是否有效的时候了,我们应该聚焦其实施的最优策略是什么。"翻转课堂没有唯一的模式,每一位教育者都必须根据不同的情境进行"量体裁衣"[46]。然而国内已有的关于翻转课堂大学英语教学模式构建的研究仍然停留在浅层次的探索设计层面,还在探讨与验证翻转模式的有效性。

此外,鲜有系统分析翻转课堂的理论基础和有效实施策略的研究,鲜有量性的实证研究提出实验假设、设计信度与效度较高的测量工具,研究大学英语翻转课堂对教学质量本身以及教学主体的影响。我们看到的大多数都是研究者建立一个翻转教学模型,将其应用到某节课或者某个实验班级,最后讨论这个模式是否有效。研究对象通常是一小部分学生,研究手段基本就是问卷调查,几乎没有针对翻转课堂在大学英语中使用情况进行全方位深度挖掘的定性研究。

还有不可忽视的一点是,教师的课堂活动设计千差万别。德罗兹尔(De Lozier)等在 2017 年发表的研究中指出,翻转课堂有效性研究的一个阻碍因素是教师们在进行翻转课堂教学方面存在巨大差异,有些教师可能采取的是部分翻转(partial flip)[47]。

对于很多没有翻转经验的教师来说,他们知道翻转有效,也试图照葫芦画瓢来翻转他们的课程。笔者就有一位教师同事,摄制了课程视频,将视频提前发给学生,企图翻转她的读写课。然而她却遇到了课上不知道讲什么的苦恼。很多时候她都是将课前视频的内容再复述一遍,或者铺开再讲得复杂一些,课堂部分还是以教师授课为主的传统教学模式。在这种情况下,翻转就显得流于形式,学生也抱着"反正课上还会再讲"的想法,糊弄或者不做课前预习作业,甚至有的学生觉得"反正课上也讲一样的内容,那我不来上课也没关系"。最后学生成绩对比其他班级没有明显改变,学生非但不享受课前视频和上课过程,反而认为老师"事儿多""爱做重复功",同时落得一个吃力不讨好的下场。

这样辛酸的失败案例不应该只是我们教师们茶余饭后的谈资,也应该引起反思,为什么看期刊论文上那么多的翻转课堂成功案例,自己做起来却"翻车"了呢?翻转课堂需要门槛吗?有没有一些简单的手把手教程能让一直奋力在一线的老教师们简单理解翻转课堂的教育设计呢?抱着这样的想法,笔者探究了大学英语翻转课堂的教学设计,且将重点放在面授课堂的教学设计上,研究精心设计的课堂任务会如何影响学生的学习。笔者的翻转课堂教学模型探讨将在第三章详细展开。下一章我们会讲述翻转课堂的发展历史和它对教学产生的影响。通读本章的读者应该对翻转课堂有一定的认识了,但你知道它的由来、发展和一些国内外的教学案例吗?让我们一起来揭开翻转课堂的面纱吧。

第二节 翻转课堂发展历史

二十余年来,翻转课堂的研究在各个领域各个学科内都有深远的发展,也带来了巨大的影响。翻转课堂教育模式也在各学科的中小学教育和高等教育中进行了实践。翻转学习网站(一个旨在推广、科普翻转课堂的非营利性网络社区)给出了翻转课堂的定义:翻转课堂是一种教学方法,在这种方法中,教学从集体学习空间转移到了个人学习空间,即教学从传统的课上转移到了课下。而课堂上的集体学习空间转化成一个灵活的互动学习环境。在这种环境中,教师指导学生应用课下所学到的知识。翻转课堂转变了传统的教学模式,在翻转模型中,用于授课的材料和资源由教师在课前提供给学生,因此课堂时间可用于个性化教学、小组协作活动和一些具有创造性的项目,以此来帮助学生掌握学习目标。这种模式允许教师花更多的时间点对点地辅导学生,更灵活地运用了课堂时间,教师的角色也从知识的提供者转变为学生的指导者、学习的促进者和课堂活动的组织者[26]。本章介绍了翻转课堂的起源、发展历史、国内外的应用实践,以及翻转课堂对语言教学产生的深远影响。

一、翻转课堂的起源

"翻转课堂"这一理念源于拉赫等学者在 2000 年提出的"颠倒课堂"理论。拉赫提出可以通过技术手段来颠覆传统的教学环境,把课堂讲座作为家庭作业的形式在线发布给学生,而课上可以使用多种教学方式丰富学生的体验[1]。

其实这种想法很好理解,就像寻医问诊,去看医生的人都想治愈身体的不适,而不是去听医生做医学科普讲座的。传统授课的弊端就仿佛学生在课上听了医学科普讲座,到了课后一做练习,身上的疑难杂症逐一涌现。而拉赫提出的颠倒课堂理论就类似于让学生在家通过在线课程学习了疾病常识和护理保健,上课时间就像寻医问症,发现自己身上的症结所在,通过课后的治疗反思治愈疾病。不恰当的例子就举到这里,贝克尔(J. Wesley Baker)也在 2000 年摸索了新的教学实践,他在课外举办讲座,在课上组织学生进行各类学习活动,学生认为这种将课后移到课上的倒置风格让他们体验到了更多的协同合作、来自教师的更多个人关注和自身更多的批判性反思[48]。

经历了几年理论的萌芽阶段,翻转课堂模型终于迎来了有据可考的初次实践。2007 年美国科罗拉多州落基山林地公园高中的两位化学教师,为了因故缺勤的同学能够跟上教学进度,尝试着利用录屏软件录制课堂上实时讲课的音频和 PPT 讲稿,并将视频上传至网络供这些学生下载学习。这一做法意外地受到学生的喜爱,不仅是缺课学生,没有缺课的学生也下载复习了这些课程视频。不久,两位老师开始重新思考如何展开课堂教学实践以取得更好的教学效果。他们尝试了一种新的教学方式——学生在家看视频完成知识的传授,课堂内进行深度学习以完成知识的内化。这个探索式的教学方式就是翻转课堂的雏形了,但由于两位老师受到视频制作和网站运行维护等硬件技术的限制,他们的翻转实践未能引起大范围的讨论和推广。

"翻转课堂"的影响力扩散至全美甚至全球得益于大名鼎鼎的"可汗学院"。2004 年,孟加拉裔美国人萨尔曼·可汗受亲戚之托辅导纳迪亚数学课,他将自己讲解录制的视频上传到了"油管"(Youtube)网站供纳迪亚学习。这一成功的教学体验让可汗萌生了录制更多在线视频的想法,他创立了一家非营利性教育组织——可汗学院,利用电脑制作出了数千门教学视频供学习者在线学习,内容涵盖了物理、数学、生物、金融和当代经济学等学科。2011 年,萨尔曼·可汗在 TED 演讲中再次将"翻转课堂"介绍给全世界,从而引发全球教育界的广泛关注。美国部分学校甚至让学生回家观看可汗学院视频代替上课,而上课时间则用来做练习,由老师或已学会的同学去指导其他同学。随着 2012 年国外慕课轰轰烈烈地崛起,"翻转课堂"迅速席卷全球教育界,其来势之猛,大有颠覆传统课堂、迎来课堂教学革命之势。

二、翻转课堂的优势

研究表明翻转课堂教学方式不仅对理工科的学生有帮助,对于文科学生也有助益。理工课程包括科学、科技、工程和数学等,体验过这些翻转课程的学生相比传统课堂的学生取得了更优异的学习成绩,对学习氛围做出了更积极的评价[49]。文科学生在体验了翻转课堂后认为在翻转课堂中学到了更多的知识,还想要更多的讲座视频和更多的翻转课程[50]。不管是什么科目,不论是语文数学还是体育课,研究显示学生们对比传统课堂都更喜欢翻转的形式。

研究发现翻转课堂促进了学生的学习参与度(student engagement)。"学生参与度"一词用于描述学生积极学习或积极参与课堂活动的意愿,体现到行动上就是学生积极上交作业,认真听讲,完成教师布置的任务及积极参与课堂活动。学生在课下的参与度提高体现在他们可以想怎么看视频就怎么看视频,想回看就回看,想暂停就暂停,想怎么做笔记就怎么做笔记,而这些是传统课堂授课无法实现的。另外,学生也发现课堂上精心设计的练习和协作任务增加了他们的交流沟通,也提高了他们的课堂活动参与度。此外,阿尔斯瓦特(H. Alswat)指出在翻转课堂教学模式下,高阶思维技能与学生的参与度、满意度高度相关。也就是说翻转教学提高了学生的参与度和满意度,当学生积极参与课堂活动时,他们的高阶思维能力就得到了锻炼,而学生对教学的满意度也提高了他们的高阶思维水平[51]。

学生参与度受教师对课程的准备、学生对内容的熟悉度以及同伴互动的影响。学生时代的我们应该都有这样的经历:如果老师讲得东西恰好是自己也知道的内容,或者和同学在课上交流得特别快乐的时候,我们对课程的兴趣就会大很多。学者们的研究结果和我们的经验也差不多,他们发现课堂活动使用了团队合作的机制,增加了团队交流,能够提高学生参与度。米勒德(Elizabeth Millard)在翻转课堂上以小组为单位进行知识检测,使用了

Clicker 或者智能手机 App,显著提升了学生的出勤率和参与度。也有学者发现如果学生喜欢课前的教学视频,就会更主动去学习,也更愿意来上课[52]。

翻转课堂还能提升学生的互动。不论是面对面授课的课堂,还是远程教育的在线课堂,学生都有更多的交流。"学生互动"(student interaction)是指学生与学习环境中所有元素的交流,包括教师、同学、学习内容和智能设备等。事实上智能设备在翻转课堂中扮演了重要的角色,学生和教师都需要凭借技术工具来完成课堂外的互动,比如学习管理平台、群聊软件、视频播放平台等。麦克拉福林(Jacqueline E. McLaughlin)等人的研究表明翻转课堂模式丰富了学生间的课上课下的交流,因为教学活动本身也不局限于课堂内部[53]。罗奇(Travis Roach)的研究表示教师在课堂上组织学生互帮互助、相互合作来解决学习过程中的问题[54]。吉姆(Min Kyu Kim)等人提出翻转课堂教学模式帮助学生建立了一个学习社区,学生能够在社区内交流想法并解决问题[55]。

翻转课堂帮助教师给予学生更加个性化的指导。在翻转课堂中,学生是主体,在家观看教学视频的时间和节奏完全由自己掌握,可以选择在某个时间段去观看教学视频,可以自己掌握学习进度和学习深度,也可以通过聊天室、留言板等社交媒体与同伴进行互动交流,探讨在观看视频过程中与针对性练习过程中遇到的疑惑,互相解答。对于同伴之间解决不了的问题可以远程反馈给教师,教师帮助学生解决有困难的问题。在课堂面授时,由于学生已经学过了教学视频,他们对于课堂讨论的主题有更深的了解,能够提供更有意义的见解或提出自己的问题,而学生的这些反馈甚至能影响课堂讨论的方向。这使教师能够提供比传统教学方式更加个性化的学生指导。个性化的指导对学生的学习责任感和自主学习都产生了积极影响。研究表明,哪怕学生在课堂上花费的时间较少,因为翻转课堂促进了学生的主动学习,学生反而比在传统课堂学到更多的知识和内容[56]。

三、翻转课堂面临的挑战

翻转课堂虽好,可很多教师却对其望而却步。诚然,这种教学模式对教师有更高的要求。首先教师的工作量可能会增加不少,如果教师选择自己录制教学视频,他们要花费时间成本去制作视频,也可能需要花费一些设备成本去购买拍摄器材,甚至也要去额外学习一些视频剪辑的知识。

笔者初尝试翻转自己的英语阅读课时就很崩溃。首先,网络上的视频并不符合现有的教学目标,自制视频会更合适。那视频要讲些什么内容呢?要录制多长时间比较合理呢?在阅读了大量关于微课视频的文献后,笔者写完了教学视频脚本。虽然看起来已经做了很多工作,也花了大量的时间,但实际上工作远未结束,甚至可以说只是一个开始。

想要拍摄的素材稍微专业一些,笔者购买了三脚架、绿幕背景和收音器材。录完讲课素材后笔者还要把教学 PPT、讲解图片等和视频进行合理结合,才能做出最终的教学视频。

教学视频做完后上传到什么平台也需要进行考虑。许多大型慕课教学网站对于教师的课程整体有比较高的要求,他们要求课程是一个成熟的完成品,而如果教师没有完整的视频课程,只是每周上传一部分,并且对视频内容和教学方向还在调整,很难在大型慕课网站上创建课程。笔者在 2019 年选择将课程视频上传到 bilibili 网站①(简称 B 站)。选择 B 站有三个考量:一是因为 B 站是当时非常热门的视频网站,在年轻人之间尤其流行,基本每个学生手机里都安装了 B 站的 App;二是因为 B 站视频可以分享到各个平台,无论是聊天软件微信或者 QQ,还是网站或者教学管理平台,不管是否安装 B 站 App,都可以打开 B 站视频;三是 B 站有个互动视频区块,笔者将视频制作成互动模式,在视频播放中途会有互动问题跳出,学生作答后方能继续。这个功能也是笔者非常喜欢的,所以将教学视频都上传到了 B 站。

回顾整个视频制作和发布过程,每个经历过的教师可能都要大大叹一口气。教师发给学生的教学视频可能只是一个网页链接,但教师在其中花费的时间和心血都是不可估量的。

另外,教师对于视频内容的设计也是一个挑战。视频内容既要具有挑战性,不能是学生不看也知道的简单知识;还要具有趣味性,吸引学生在自学的时候能够看下去。此外,教师是否应该给学生提供视频学习大纲也是一个值得讨论的问题。有的学者认为教师提供了课程笔记学生就不会自己做笔记,甚至因为有了大纲的帮助就不看课程视频了;而有的学者认为不管学生做不做笔记,他们都能从大纲中获益,对教学视频内容也会有更好的理解。

教师精心制作的教学视频学生们一定会观看吗?其实也不一定。托托

---

① bilibili(哔哩哔哩,又称:B 站)是一家总部位于上海的弹幕影片分享网站。该网站于 2009 年 6 月创建,早期是一个 ACG(动画、漫画、游戏)内容创作与分享的视频网站,现已发展成涵盖 7000 多个兴趣圈层的多元文化社区。截至 2022 年 3 月,注册用户达 2.9 亿人。

(Toto)和阮(Nguyen)的研究指出翻转课堂有一个潜在问题是一些学生喜欢听老师讲课而不是观看在线课程,学生在观看视频讲座时更容易分心,对讲座长度、讲座质量、讲座观看的方便性都有各种意见[57]。

　　另外还有一个问题:在翻转课堂中,教师需要把一些控制权让渡给学生,而有的学生可能无法负责或者不愿意负责自己的学习。举个例子,如果学生没有观看教师的教学视频,没有认真进行课前的自学准备,那该学生势必无法在之后的课堂讨论中做出应有的贡献。也有专家指出,学生认为教学视频是一种不太正式的学习,在学习过程中不够专心和自律[58]。

　　还有学生认为学习课程看看视频就够了,有了视频万事足,课也不来上了。认真看视频的学生在课堂上有更为积极主动的表现,原本是一件好事,可这也可能引发一些问题。比如有学生反应翻转课堂中的师生互动并不平衡——有能力的学生有更多机会和教师进行互动,而能力不太足的学生因为害怕犯错,可能在互动机会上受到了限制[59]。最后这个皮球又踢回给了教师,教师应该在设计翻转课堂教学材料时考虑各种方法鼓励学生参与学习,为学生的学习提供指导,利用交互式视频和课程大纲等辅助方式确保学生积极参与课内外的教学活动。

　　最后,一些其他的现实问题也影响了翻转课堂的实施,比如学生是不是能访问教学视频,是不是能够使用教学平台,如果学生没有智能手机或者电脑,那他们是不是有其他途径(例如学校图书馆或者电脑实验室等)进行翻转的课前学习? 即使硬件条件不是问题,有的学生也会觉得翻转课堂的模式太过于紧迫,他们需要额外花费大量的时间进行翻转学习。以笔者的英语课程为例,一些学生就反映道:“英语不是我们的专业课,我们本身对英语也没有特别浓厚的兴趣或者特别高的期待,能拿到学分就可以了。但现在我们要花费大量的时间进行英语学习,这甚至影响了我们学习专业课程。”不过教师们也不用气馁,好消息是许多研究表明大多数学生都愿意接受翻转课堂教学,也愿意花费更多的课余时间观看视频并参与课前讨论[60]。

四、翻转课堂模式在外语教学中的应用

　　在外语教学领域,教育技术数十年如一日地在学生学习中扮演重要的角色。先不说远的,大家如果用百度网站搜索“如何学好英语”,映入眼帘的一定是各种英语学习平台、网站、网络课程或者线上一对一付费课程等。大家捂好荷包的同时也可以思考一下:这些网络课程的存在是不是也具有其合理性呢?

专家指出,语言学习是一个循序渐进的过程,在这过程中学生需要进行大量的练习[61]。而在视频、网站、网络课程等数字信息化技术的帮助下,学生可以按照自己的节奏学习语言。试想一下,对于一些语法点或者语言知识,是不是有的同学学得快,有的同学学得慢? 或者老师在讲发音口型时,是不是一走神就错过了? 翻转学习就能解决这样的问题。它是一种将技术融入语言学习的替代方法,有助于为学生创造更为自由的学习环境和更充足的学习机会。

在传统课堂中,新的知识通常通过课堂讲座的形式传授给学生,学生通过课后作业练习使用这种知识。而翻转学习颠覆了这种传统范式,在翻转课堂中,知识通过教学视频引入课堂,课堂时间则用来进行更高级、更复杂的学习活动,帮助学生练习巩固反思学到的知识。这意味着学生有机会参与更多的教学活动,进行更有深度的思考,从而获得更多的收益。

（一）翻转的语言课程

放眼世界,许多实证研究都证明了翻转课堂模式在语言教学中的成功。

埃及学者阿哈默德（Ahmad）发现翻转课堂对埃及大学生的英语听力学习有显著提升。接受翻转教学方法的学生成绩明显好于传统授课模式的学生。学生在信息技术的影响下,会更主动去使用互联网上可用的学习资源[62]。

韩国学者宋（Sung）为 12 名韩国大学生翻转了英语课程。学生的课程评价显示学生高度赞赏教师对教学的激情,收到了充足的教师反馈,也有很多机会与教师、同学进行讨论交流。学生很喜欢课堂的合作学习模式,学习任务和课堂项目给了他们实践知识的机会,而合理的考评设置帮助他们巩固学到的知识[63]。

恩金（Engin）翻转了阿联酋某大学的学术英语写作课程,研究课上学生自制视频对学生学习的影响。研究表明,学生因为需要制作视频,会去做各种研究,对于自己的视频选题可以说是达到了半个专家的水准,而这也发展了他们的高阶思维水平,锻炼了他们的语言综合总结能力,同时他们对于语言的正确用法和视频内容的准确度也有更多的考量[64]。

翻转的语言课堂当然也会受到学生的质疑。有学生反应课前的视频和课上的内容存在大量的知识重复,教学视频讲得太细碎太仔细,作业量过于烦琐,教师对于学生项目的回馈大同小异没什么区分度,这些都会引起学生对翻转课堂教学模式产生抵触。韩国学者康（Kang）指出,虽然翻转课堂凭借教育技术的支持为课堂内外的教学活动提供了灵活便捷的环境,但如果学生不愿意完成课前学习任务,这种教学方式的基石就会受到动摇。如果教师不得不在课上为了没有预习的学生重新讲一下视频课程的内容,则对于已经学过课程的学生来说就是一种时间的浪费,久而久之所有学生都不去做课前任务了[65]。在前文提及的韩国教师宋的课程评价上就有学生认为这种英语课堂(指翻转模式)不能学到什么知识,想要学习主要还是靠自己课前课后努力了[63]。阿哈默德建议教师将课堂时间用于促进学生进行主动学习,为学生提供足够的机会来实践他们通过教学视频获得的知识。这些研究证明教师合理结合课前自学和课堂教学的重要性,两者的优势相辅相成,才能既提高学习的语言知识技能,又促进学生的积极性和参与度[62]。

(二) 翻转的语言课堂对于学生成绩的影响

研究表明翻转课堂教学模式对学生的课堂表现和语言水平都有正面促进作用。洪秀婷发现翻转课堂内的学生整体学术表现都有所提高[50]。欧巴理(Obari)和兰巴切(Lambacher)发现翻转教学模式有效地提高了学生的英语听力和口语水平。也有学者发现即便他们的翻转课堂聚焦的是英语语法、词汇或者惯用语知识,但学生在口语流利度和交流信心方面都有提升[66]。

此外,翻转的教学策略无形中促使学习者更加关注他们的学习过程。让我们设想一下,比如教师在课堂上讲了莎士比亚的十四行诗,我们学到了知识,在课后巩固后,一个学习过程也就结束了。但假若教师在课前发放了十四行诗的授课视频,辅助进行一些课前讨论,在课上针对这个内容进行了各项活动,也许我们被要求自己进行诗歌创作并录制视频,也许我们进一步探讨同时期其他伟大诗人的著作,又或许我们为了应对可能的课堂活动在课前收集了大量的知识。两相对比,翻转学习比之传统学习更具深度和厚度,学习者会不知不觉有更丰富的学习经历。洪秀婷证实,与传统课堂相比,80%的翻转课堂参与者在自主学习上花费了更多的时间和精力[50]。同样,韩(Han)指出在翻转课堂中,学生会利用各种资源寻找他们需要的信息以及合适的工具,用以完成教师布置的项目和任务[67]。比如学生要做一个介绍莎士比亚的演讲,他们需要去网上或图书馆搜集莎士比亚的信息,可能还会搜一些有趣的视频。为了将视频嵌合入演讲文稿,他们可能还要学习一些技术知识,从而在完成学习任务的同时全方面进行了发展。在传统课堂中,也许没有很多课堂时间给学生做这样那样的演示,但是翻转模式中的课堂时间理论上全部用于组织有意义的学习活动,学生会有更多的机会有这样较为深入的学习体验。而这样的体验对学生的学习成绩有正面的促进作用。

（三）翻转的语言课堂在学生眼中的模样

学生对翻转课堂模式看法各异,如同没有一个人能获得所有人的喜爱,一种教学模式也无法让所有学生满意。

比如有些学生认为翻转课堂帮助他们更好地理解了学习内容,而也有学生抱怨课外学习需要用到各种智能设备,增加了他们的负担[68]。笔者的学生就曾开玩笑称,"背着电脑去自习,结果看了一部电影打了一局游戏,最后背着电脑回到寝室,教学平台都没打开过。"有意思的是,这些抱怨智能设备诱惑力太大或者使用设备比使用纸笔更麻烦的学生,大部分是喜欢翻转教学方法的。所以教师不能想当然地认为课堂气氛不错,学生参与度高,学生就会喜欢所有教学环节;或者因为自己精心录制了教学视频,学生就能学会视频内容。

在翻转课堂中学生比较满意的部分大致有下列几种。

第一,由于在课前完成了学习任务,学生在进入课堂时属于"有备而来",对教学内容会更有信心,对教学活动也会更积极参与。在学生访谈中,一名"传统教学班级"的学生就表示非常喜欢任课教师,觉得教师的口语非常好,知识也很渊博,但是极端害怕在课堂上被点名要求回答问题。因为教师发散得太快,该学生经常准备不到教师的内容,而回答不出问题会很丢脸,也会破坏自己在教师心中的形象。故学生在课堂上开始避免和教师有直接的眼神接触,怕被叫到回答问题。然而此类问题其实完全可以避免。在"翻转班级"中,学生在课前有了充分的准备。虽然课上教师也会进行拓展,但不会产生学生完全丈二和尚摸不着头脑的情况。

第二,学生能够反复观看、保存教师上传的教学材料和网络资源以增强他们对于学习的信心。笔者的学生就曾提到,"就算上课听不懂也不是非常担心,因为可以回头看那节课的视频,重新学习一下。"

第三,教师在学生完成课前学习任务后布置一个简短的在线测验或者让学生填写学习工作表,对学生掌握自己的学习进度是很有帮助的。学生表示因为测验的存在,他们会更认真地学习课前内容,学习更具成效。

第四,虽然有人不喜欢智能设备带来的额外压力,但也有学生表示在教育科技的帮助下,他们能够随时随地与教师和同学进行沟通,分享功课、文件、资源等。笔者观察近十年来的英语课堂,发现现在使用智能平板（例如 iPad）做笔记的学生越来越多了。学生会要求教师将课堂 PPT 提前发送给他们,或者在课上进行拍照并在 PPT 边进行笔记标注。这在 2010 年左右是非常少见的。得益于校园网络的进一步普及与发达,越来越多的中国大学生也开始 BYOD(bring your own device,意为自带学习设备)。虽然手写笔记仍然是大部分学生的学习习惯,但是十门课十本笔记本,一百门课一百本笔记本,这些实体笔记本的储存与笔记查阅远不如电子文档的储存和查阅便捷。不可否认,科技在潜移默化地改变我们的生活,也在改变学生的学习习惯。

第五,学生认为在线交流比面对面交流让他们感觉更为放松,他们不需要当即做出回复,可以在发送信息前仔细考虑自己的内容,在发出后也有机会进行修改或撤销。尤其是学生面对外语教师这样一个特别的交流情况,学生会有使用外语交流的压力。读者朋友们试想一下,您要和您的外语教师进行交流,您是不是会有"我是不是应该用外语""用中文不太合适吧"这样的忧虑?而使用外语把问题描述清楚其实也并非易事。所以笔者换位思考,如果自己是学生,如果自己有任何学习上的不解之处,能与教师进行线上沟通真是太棒啦。

(四)翻转的语言课堂对学习动力的影响

学习动力(motivation)指学生参与课堂教学和活动的精神状态、积极性和意愿。学习动力强的学生则精神饱满,态度积极,也很愿意参与课堂活动;动力不强的学生表现为状态低迷,态度冷淡,推一推才动一动[69]。作为教师我们常会看到课堂上有积极举手的同学,老师一发问同学的手就像火箭一样笔直冲天,可谓积极性非常高。而动力不足的学生则各有各的样子:有的人抓耳挠腮,躲避教师的眼神;有的人非常安静,犹如老僧入定,课堂的一切似乎都与他无关;也有人控制不住开展一些其他活动,例如玩手机、看报纸、讲悄悄话等,不可谓不精彩。在教育领域,学习动力是公认的影响学生学习表现和学习成果的最关键因素之一,它也在翻转课堂教学模式中发挥了重要作用。

许多研究表明,翻转课堂能提高学生的学习动力。有学者在实证研究中指出建设性、合作性、情景化、自我主导式的课前任务和课上活动能明显激发学生的学习动力,促使他们更积极地参与活动,将学到的知识应用于实际生活场景之中[70]。同样,学生也反馈道,在翻转课堂模式中,他们在课前有更充足的准备,在课上就能更游刃有余地参与课堂讨论,在课后也能反复复习教学视频。这样的教学流程使他们更有积极性,也更自信。

另外,新兴的教育科学技术也增加了学生的学习动力。欧巴理和兰巴切对比了利用手机软件和利用传统纸质讲义学习英语词汇的两种学习模式,发现用手机软件学习英语的实验组有更高的学习动力,在测试中也取得了更好的成绩。学生反馈手机比讲义更方便携带,更能帮助学生利用碎片时间进行学习[66]。

泽波克(Zepke)等学者还发现学习动力影响了学生的学习参与度。一名台湾学者的翻转报告中记载道:学生身处于翻转课堂的学习环境中,参与翻转课堂的学习活动,这个过程会反过来激励学生更积极地进行学习。一名学生在反馈问卷上写道:"越来越多的同学做足了功课,在课堂对话活动中表达自己的观点。这会给我造成压力,让我觉得如果我什么准备都不做,不敢开口的话,就没人愿意和我组队完成学习任务。"[71]另一位学者也指出翻转课堂模式所形成的在线学习社区不仅在课前促使学生完成课前学习任务,也在课堂活动中促进了学生的积极互动和协同合作,而且显著提高了学生的口语能力,使他们更多地参与到对话活动、故事讲述、课堂讨论和小组汇报中[70]。韩国学者宋指出传统的教师授课的课堂模式对于语言学习来说会造成一种割裂的学习环境,师生联系和同伴联系都很松散。在翻转的语言课堂中,学生不仅需要负责个人的学习也要组队进行团体合作,在课前、课中和课后都要完成各种任务,这使得学生之间的交流互动有所增加,师生之间的联系也变得更紧密,整体学习参与度更高[63]。

(五) 翻转的语言课堂对主动学习的影响

博内尔(Bonnell)和艾松(Eison)将主动学习(active learning)定义为让学生参与到活动中并思考他们正在做的活动本身到底是什么。根据这个定义,学者将主动学习与各类能刺激学生在学习过程中主动进行思考的学习活动、教学策略、教学方法等联系在一起。这些主动学习活动包括课堂讨论,案例研究,合作式学习、问题导向性学习和探究类学习等[72]。

多项研究表明,翻转课堂可以促进学生的主动学习和高等级的思维活动。因为翻转课堂教学模型本是包含两个重要元素:课前由教育科学技术支持(如教学视频、讨论平台等)的自学任务和互动型的学习活动。所以翻转课堂是有潜力让学生既参与到活动中,又因为知识准备到位,让学生对活动本身进行思考的一种教学模式,会成为一种促进主动学习的教学方法。洪秀婷教授利用网络探究学习(WebQuest Learning)来推动学生参与到翻转课堂的深层次学习中。网络探究(WebQuest)的实质是建构主义学习理论在网络环境中的实践表现。洪秀婷基于网络探究的五个基本要素(引入、进程、任务、评估和总结)构建翻转课堂学习材料,从而促进学生在课程中主动学习并完成任务[50]。

翻转课堂的主动学习促进机制也解释了为什么这种教学模式对提高学生语言水平如此有效。在阿哈默德的翻转英语课堂研究中,课堂时间用于让学生参与团队合作、互动交流或者探讨辩论等主动学习活动,结果表明学生的听力理解能力有明显提高。这一结果与前人的研究相呼应,即团队合作活动可以增强学习者的可理解性输入,学习者自己单独任务时无法理解的内容在团队协作的过程中也许能获得解释或者顿悟,进而导致学习者对听力文本有更好的理解[62]。

由于翻转课堂的活动能促进学生的主动学习,学者们建议教师们将课堂时间用于安排主动学习活动,不建议全用来讲课。洪秀婷教授建议未来的翻转研究将目光聚焦于教学设计和主动学习策略的探究,对比精心设计、教师悉心指导的课堂模式和非精心设计、缺乏教师引导的课堂模式对学生学习的影响[50]。

(六) 翻转的语言课堂面临的挑战

翻转课堂教学模式并不是包治百病的万能灵药,关于这种模式的有效性主要来自教师的实证研究,如果采访学生,我们可能会得到不同的答案。阿尔哈比(Al-Harbi)等人的研究显示,鲜有学生认为翻转课堂增强或提升了他们的自学技能,学生认为他们本身就具备这样的技能。阿尔哈比自己评论道,他的翻转课堂没有什么课外的活动,学生唯一需要做的课前准备只是看视频而已[73]。这也显示了教师对于翻转课堂的设计比翻转形式更为重要,不能为了翻转而翻转。相比之下,韩的研究证明了翻转的英语课堂促进了学生的自主学习,为学生提供了各种探索性学习的资源,也使用了除视频外的其他活动来鼓励学生进行主动学习[67]。

另外,人们受到传统教育理念的影响较大,对翻转课堂的评价有好有坏,有的支持,有的反对,翻转课堂的落实还是受到一定的影响。教师对翻转课堂的排斥主要源于该模式冲击了教师的"权威地位"和"师道尊严",在教学结构、教学内容、教学环境和教学手段等方面颠覆了传统的教育理念。这主要表现在:翻转课堂以计算机技术和微视频为依托,将教学内容生动化、具体化、延伸化,强调对学生自主潜能的培养和强化参与学习的体验。传统英语教学倾向于英语技能的训练,而现代英语教学则以学生为中心,鼓励学生自主学习以及设计个性化的教学过程,这需要教师花更多的时间去搜集教学素材、制作教学视频以及规划知识教学环节,但有些教师因不了解翻转课堂、受教学进度的限制和繁重的教学任务等影响,不愿意接受新的教学理念,导致了翻转课堂只停留在理论研究和个别实验阶段,在英语课堂的应用迟迟不能全面展开[68]。

此外,学习自觉性和自主性能力不足,是学生对翻转课堂产生排斥的主要原因。自主学习是指学习者对学习过程的自我控制,学习者要具有高度的学习责任感和自我控制学习的能力。学生课前观看视频的学习效果是建立在学生自主学习能力的基础上的,他们需要具有内在的学习动机才能激发自我学习的潜能,从而对学习过程进行自我规划、自我监控和自我评价[65]。但实际教学中却发现,一方面,学生英语学习自觉性差、自主学习能力低以及英语基础薄弱导致学生课前基础知识的学习质量无法得到保障,增加了课上教师对学生探究引导的难度,致使知识内化环节无法有效进行,打乱了教师的教学安排。另一方面,学生发现传统课堂对英语词汇、语法和阅读的训练更有利于英语能力的提高,反而对翻转课堂的教学效果产生了怀疑,同时对自己安排、控制学习进程,自己发现、解决、总结问题的模式难以适应,这会使学生学习的兴趣和自信心都受到很大的影响。

(七)对于翻转语言课堂的一些建议

从传统教学模式到翻转教学模式对教师提出了能力上的要求。

首先,教师们需要提升计算机技术水平。翻转课堂依托互联网和计算机技术的迅速发展才能被广泛使用,大部分学习是借助多媒体网络、智能手机等来完成的,学习资料多以视频、音频、微课等方式呈现。教师只有熟练地掌握计算机技能,才能在教学准备中逐渐完成课堂教学任务,使翻转课堂模式顺利实施。此外,教师不仅自己需要提升信息技术水平,也要给予学生技术关怀。教师要引导学生正确使用移动设备进行学习,加强与学生的互动,帮助学生学习。

其次,英语教师的教学设计能力是翻转课堂教学任务能否完成、教学目标能否实现的关键。翻转课堂要求教师仔细分析教学内容,辨别出英语课程中哪些内容适合利用翻转课堂进行教学,并了解学生的学习特点、兴趣爱好,再设计好教学目标与方案。

再次,教师应该提升与学生的团队协作能力,让学生在语言学习上得到更多的交流与练习。翻转课堂教学模式的目的在于提高学生独立思考能力,学生能够根据自身的学习习惯、学习特点自主安排学习时间、学习方式。翻转课堂成功实施的关键是学生对知识的内化,自主学习,培养学习自觉性,这直接影响到翻转课堂上"知识的内化"过程的实施与效果。在自主学习过程中,将学习中遇到的困难带到课堂与老师及其他同学共同讨论。教师不仅要积极引导学生之间的团结协作,还应该将自身融入学生的交流讨论中。

最后,教师要对学生在翻转课堂中的表现给予评价,引导学生评价教师、评价学生。课后的反思与总结有助于英语教师发现自己在教学中存在的不足,并及时作出调整,让学生及时消化学习内容,提高学生学习质量。翻转课堂教学中要求教师采取更为灵活多样的评价方式,比如让学生根据教学内容制作自己的学习资料;或者让学生在课堂进行英文演讲等。

现有的文献研究一致指出翻转课堂对于语言教育的提升体现在学生有更高级的思维产出,更大的学习积极性,更强烈的参与感以及以学生为中心的面授活动。而学生对于翻转课堂的较高满意度也是对于这些价值的肯定[65,66,73,74]。

然而,与翻转课堂中学生的感知、教师的角色和视频课程的研究相比,鲜有研究精心设计的课堂任务对学生的学习有何种影响,以及是如何影响学生的。事实上,学者们一直呼吁聚焦翻转课堂的面授设计,在上述对于教师的能力要求上也提到,教师需要提高教学设计能力。康的研究报告写道学生认为他们在课前课后获得的知识比在课堂上多。康提出教师如何结合在线自学和课堂教学是一个需要仔细考虑的问题[65]。阿哈默德建议教师将课堂时间用于主动学习而不是拿着书本照本宣科或者进行"一言堂"式的课程讲座[62]。阿尔哈比建议教师使用精心设计的活动来促进学生的主动学习[73]。宋指出协作活动和任务能够提供给学生充足的机会参与到学习中,与同学和教师进行交流,通过运用计算机技术拓展自身的学习维度[63]。

针对翻转课堂语言教学的特点、优势和挑战,之后的研究可以聚焦下述领域:一是学生的能力、学习风格、认知和元认知方式等能够引导翻转教学方式取得成功的元素;二是精心设计的课堂活动和任务等能够激励学生完成课前任务、提升主动学习和课堂交流、增进课后评价反思并给予教师教学设计上的帮助[51,63,66,73]。

基于上述研究需求,笔者的完全翻转模型特别关注了课堂面授环节的任务设计,研究精心设计的任务将如何影响学生的学习。完全翻转模型的构建基于修订版布鲁姆教育目标分类理论、加涅九大教学事件和任务型教学法理论。模型中的任务侧重于意义的沟通、发展的区间、包含熟悉的信息并具有明确的非语言结果。下一章节我们会详细介绍完全翻转模型以及其背后的理论支持和实证研究支持。

第三节　完全翻转模型

作为一名热爱课堂教学的教师,看着学生沉浸于课堂的模样,心里总是无限喜悦。传统课堂中师生当然也会有欢乐时刻,但多数时间内,学生仍是听教师讲解,处于被动输入的状态。然而在翻转课堂教育模式中,枯燥的讲座被活动取代,学生玩得开心,还能学到知识;作为教师,在翻转课堂中,不用再讲得唾沫横飞口干舌燥,而是可以和学生一起玩,一同收获,一道成长,不可谓不美妙。

然而笔者也发现,翻转课堂的教学内容实在不太好安排。有时候精心设计的活动学生反应平平,甚至抓不住重点,不知道教师的意图,不明白活动的意义;而有时候又会无心插柳柳成荫,教师一拍脑袋临时组织的活动竟能取得不错的效果。面对这样的问题,笔者不禁思考,有没有一种放之四海皆准的教学模型,能为教师的课程设计提供一个骨架呢?这个骨架的骨骼必须坚实有力,基于理论和文献构建。有了骨架,教师只需要根据自己的课程特色塑造自己的血肉即可。跟着步骤照葫芦画瓢可不比从泥巴捏个人要简单吗?

基于这样的想法,笔者研究了教育领域和语言教育方面的理论与文献,构建了完全翻转模型。完全翻转模型的构建基于修订版布鲁姆教育目标分类理论、加涅九大教学事件和任务型教学法理论,将学生在翻转课堂的课前、课中和课后部分有机结合,形成一个教学总体。模型中的每个元素都会在本章中详细展开介绍,让我们一起来看看它们是如何通力合作,打造一个理想的翻转课堂。

一、修订版布鲁姆教育目标分类理论

布鲁姆教育目标分类理论最初在 1956 年由学者布鲁姆及其团队成员提出。该理论一经问世,立即引得教育界的关注,迄今为止被翻译成 22 种语言。

初始的布鲁姆教育目标分类理论在认知域包括六个类别,分别是知识、理解、应用、分析、综合和评估。这些类别按照从简单到复杂、从具体到抽象的顺

序进行排列,强调累积性的层次概念。从教学的角度来说,这六个类别对学生的要求也是逐级提高。正因为它的层次性特点,布鲁姆教育目标分类理论在许多国家的教育系统内被奉为教学目标制定指南,尤其是对课程目标和测试项目的分类[75]。

　　然而,布鲁姆教育目标分类理论在被应用的过程中,缺点和局限性也逐渐显露,最显著的问题是它把认知的过程假设为单一维度的、从简单到复杂的行为排序,且在层次结构中,不同层次的类别没有重叠,这在实际的教学当中也并不合理。

　　经过五年的努力,安德森等人于 2001 年完成了对布鲁姆教育目标分类理论的修订。修订版的布鲁姆教育目标分类由初始的一个维度修改为两个维度,即知识维度和认知历程维度,前者用于协助教师区分"教什么",后者旨在促进学生保留和迁移所学的知识。不同于旧版的分类理论,新版中的不同类别允许有重叠,六个类别分别是记忆、了解、应用、分析、评估和创作[76]。由于翻译的关系,一些有趣的语言运用没有体现出来。在初始的布鲁姆教育目标分类理论中,布鲁姆是用名词的形式来命名每个层级的认知分类,例如应用层级布鲁姆就用了名词 application。而安德森修订的布鲁姆教育目标分类理论将认知过程维度用动名词的形式命名,例如应用层级安德森用了动名词 applying,表达认知是一个动态的过程。图 1-1 为布鲁姆 1956 年提出的教育目标分类理论和 2001 年安德森修订版的对比。

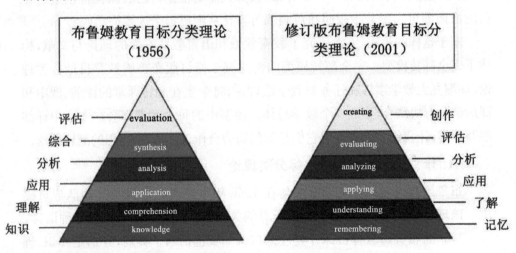

图 1-1　两版布鲁姆教育目标分类理论的对比

修订版的布鲁姆教育目标分类理论适用性很强,常被用来构建翻转课堂的教学设计。兰克福德提到,如果了解和记忆属于比较低阶的学习目标,而应用、分析、评估和创作算作比较高阶的学习目标的话,翻转课堂有助于学生实现高阶学习目标[77]。内德维德等学者补充、解释了兰克福德的观点,在翻转课堂中,学生通过自学教学视频完成低阶学习目标例如了解和记忆等;课堂时间内,学生通过参与课堂活动来锻炼自己的高阶思维能力,比如应用和分析能力等[78]。

赞努丁(Zainuddin)和哈利利(Halili)将翻转课堂教育设计和修订版的布鲁姆教育目标分类理论相融合,用布鲁姆的理论解释了翻转课堂中学生的认知过程[79]。

(1)记忆:在记忆阶段,学生尝试识别和回忆他们接收到的信息,同时也尝试理解所学内容的基本概念和原理。举个最简单的例子,比如学生看到了苹果(apple)这个单词后,可能会默念、朗读、抄写、背诵这个词,这个过程就是记忆。

(2)了解:在了解阶段,学生尽力去理解知识,转译接受到的信息内容,并对于他们学到的知识做出总结。作为基础认知活动,记忆和了解在学生学习过程中随处可见,时时发生。在翻转课堂中,学生可能在学习教师的课前视频时经历记忆和了解过程;也可能在课堂活动中发现某个特定单词、词组,从而开始记忆和了解。继续我们之前苹果的例子,学生在记忆了 apple 这个词后,可能会对比自己母语中的词"苹果",进行英汉互译。学生可能把苹果这个词放在水果分区中,和梨(pear)或者凤梨(pineapple)联合记忆。学生也可能通过苹果了解了亚当和夏娃偷尝禁果的故事,学习了一些语言之外的文化知识。这整个阶段就是了解。

(3)应用:在应用阶段,学生将学到的知识应用到现实生活的场景中。在我们的苹果例子中,也许我们的学生在课堂中模拟现实餐厅场景,与同伴进行点餐的对话训练。当学生想要点苹果派,并在点餐时自然而然地脱口而出 apple pie(苹果派)的时候,他就完成了对于苹果(apple)这个词的应用。

(4)分析:学生使用批判性思维能力来解决问题、进行辩论、进行总结。在翻转课堂中,学生进行了批判性思考或辩论等课堂活动后会产生一些新的想法、掌握一些新的知识。在这个层次的学习中,学生也会产生创造性思维。我们的苹果例子用在这里也许不太贴切了,让我们稍微进行一些拓展。学生在课堂上进行关于圣诞夜该不该送平安果(苹果)的辩论。有的学生认为不应该,因为外国没有在圣诞夜送苹果的习俗,应该尊重他们的传统文化;另一方面,平安夜买苹果造成了苹果价格上涨,一个苹果甚至卖出几百元的天价,浪费钱财。而有的学生认为在平安夜吃苹果这件事与追捧西方文化、与所谓的"过洋节"无关,而是基于中国人对美好事物的青睐情节,对健康平安的一种寄托和憧憬。在这个例子中,苹果不再是一个简单的英语单词 apple,它与文化传统和学生的思考方式相关联。在课堂活动中,学生通过对各种知识概念的融会贯通,分析处理问题并给出自己的见解,处于分析的思维认知过程。

(5)评估:在评估阶段,学生对整个学习阶段进行评价,并对他们习得的内容进行反思。在翻转课堂中,学生可能会评价同伴的作业、学习报告等,也可能通过写总结、进行阶段性测试等对自己的学习进行审视。回到我们的苹果例子,学生回顾自己的学习过程,发现自己学会了苹果的拼写,也学会了关于苹果的圣经故事,会在情景对话中正确使用苹果这个词,甚至对于圣诞节该不该送苹果进行了深度思考,学生完成了这个单元的综合测验并接收了来自教师和同学的反馈,这一整个过程就是评估。

(6)创作:在创作阶段,学生在所学知识的基础上设计、构建、发展或生产出一个新的物品、概念、观点等。创作阶段并不一定会在学习过程中发生,但是这是教师一直鼓励学生尽力去尝试达到的认知阶段,也是最高阶的认知阶段。

二、任务型教学法

任务型教学法基于苏联心理学家维果斯基(Vygotsky)及其追随者韦尔奇(Wertsch)等人关于语言和学习的理论发展而来。维果斯基认为人们通过相互作用将文化知识变为自己的知识,强调学习的社会性。在维果斯基的理论中,儿童的知识发展先经历社会层面,人与人之间相互作用的过程;再经历个人层面,个人作用的过程。而高级思维正是人们之间相互作用、思维碰撞的结果。就拿儿童思维发展举例,维果斯基认为儿童的语言发展经历三个阶段。在第一阶段,儿童在同父母不断接触的过程中发现了声音的意义和作用,此时语言就成了控制活动和交往的主要手段。在第二阶段,儿童逐渐掌握了其周围的语言,并且逐渐吸收此种语言所包含的价值。在第三阶段,儿童已经有思维能力,并且可以用语言思考、表达自己的经历,语言成了"思想的工具"。

同时,维果斯基也强调了教师和同伴对促进个人学习所起的重要作用,在儿童学习语言的例子里,儿童经历的三个阶段都是通过与更有经验、能力更高的人进行相互作用来实现的。显然,将一群不会说话的婴儿丢在一起,没有大人的语言输入和沟通引导,他们哪怕到了学龄也不会习得语言。

维果斯基的理论体现了认知和语言的发展顺序,强调学习的社会性和人们的相互作用,为任务型教学法提供了理论基础。这一理论也为语言教学燃起了一盏明灯,即个体是在社会交往、相互作用的过程中发现、学习、掌握和运用知识的。相应地,学生习得和学习语言也应该有一个社会性的、相互作用的环境[80]。

(一)任务型教学法及其定义

自 1980 年以来任务型教学法在语言教学中占据主导地位。学习者能有效地依靠这种教学法发展第二语言。努南(Nunan)将任务教学法定义为让学习者参与理解、操作、产出或以目标语言进行交流,在这个过程中,学习者的注意力集中在调动他们的语法知识来表达语义,而教学的重点也集中在传达语义信息而不是练习语言形式[81]。

语言形式作为一个术语,通常仅仅是指语法,然而埃利斯(Ellis)却认为音韵、词汇、语法和话语也应该属于语言形式的一部分。任务教学法以语意沟通为主要手段,但与此同时也试图唤起学习者对于语言形式的关注。因此,任务教学法不仅是一种方法,更是教师在教学设计中隐藏的巧思,在与学习者的交际环境中用隐性或显性的方式引起学习者对目标语言形式的注意。例如在一组问路指路的对话中,学习者可能会注意到语言形式包括:一些固定表达例如左转(turn left)或直行(go straight),连读,在疑问句中上扬的语气等。埃利斯得出结论,以意义为中心的任务是所有针对语言形式教学的核心,因为意义为语言形式提供了背景;同样地,注重语言形式也是任务型语言教学法中不可或缺的一部分。埃利斯在其 2003 年的研究中指出任务型语言教学法的特征:关注真实的现实世界的任务,学习者选择语言资源,具有明确定义的非语言结果[82]。

在任务教学法中,设计语言课程的主要单位是任务。在许多二语教学法和研究文献中,任务以多种不同的方式被定义。教师教育类畅销书《英语二语教学法》的作者斯克里夫纳(Scrivener)认为"任务(task)"和"活动(activity)"是可以互换的术语:课程的基本组成部分是任务或活动。斯克里夫纳将任务或活动相当广泛地定义为"学习者所做的涉及他们使用目标语言以实现某些特定结果的事情"。而斯克里夫纳所谓的"结果"可能反映的是"现实世界"的结果,也可能是"出于学习目的"的结果。例如,斯克里夫纳认为重复地练习也是一类活动,学生跟着教师进行句子诵读以提高发音就算一种教学活动。而另一些研究者将"任务"视作"活动"的子集[83]。萨姆达(Samuda)和拜盖特(Bygate)将"任务"描述为一项整体活动。在该活动中,学习者同时利用他们对语言各个子领域(词汇、音韵、语法、话语结构等)的知识来获得有意义的结果[84]。范·德·布兰登(Van den Branden)指出,虽然对于"任务"的定义多种多样,但万变不离其宗的是,人们学习语言不仅是因为语言有使用功能,还能通过功能性地使用语言来学习语言。范·德·布兰登还强调了理解任务结构的重要性,以及学习者利用自己的语言和认知资源完成任务的重要性[85]。

埃利斯提出了一套标准,用于评估一项活动在多大程度上能被称作"任务"。埃利斯的标准借鉴了萨姆达、拜盖特和威利斯(Wills)对于任务的定义。2013年,新谷(Shintani)对于"任务"提出了四个关键标准,并对它们进行了详细阐述:

标准1:任务应主要关注"意义"。即学习者的主要关注点应该是语言信息的编码(产生语言)和解码(理解语义),而不是语言形式。

标准2:应该存在某种形式的"代沟"。这种代沟可以是语言信息上的空缺,也可以是意见表达上的差异等,学习者需要通过完成任务来填补这类"代沟",即需要传达信息、表达意见或者推断某些含义等。

标准3:学习者应在很大程度上依靠自己的语言和非语言资源来完成活动。也就是说,学习者用来完成任务或在任务中进行沟通的语言并不是教师一字一句教的,虽然学习者可以借鉴任务提供的语言资源,并通过这些语言来帮助他们完成任务,但对于语言的"编码"和"解码"主要还是依靠学习者自身的一些语言和非语言储存。这里笔者举一个例子来进行进一步解释,例如在问路的英语对话活动中,学习者的范文中可能会有直走(go straight)、左转(turn left)之类的语言输入,学习者可以借鉴这些语言输入帮助他们完成问路的对话,但是问路中的打招呼,以及除了直走、左转之外的语言,都是学习者依靠自身的英语储备来编制的。

标准4:除了语言的使用之外,任务应该有一个明确定义的非语言结果。也就是说,语言是实现结果的手段,而不是任务本身的目的。在我们的问路对话例子中,任务的目的是学生能够完成问路和指路的对话,即问路者能够让指路者理解自己的意思,而指路者能够通过给出路线信息帮助问路者顺利到达目标地点。因此,在执行任务时,学习者主要关心的是实现任务制定的目标,而不是拘泥于语言形式[86]。

（二）任务型教学法的优缺点

研究表明,任务教学法能促进语言的实际使用能力。努南作为这一观点的拥趸,指出任务教学法要求学生在同一练习中运用自身的听、说、读、写能力才能完成任务提出的问题。努南还指出,任务教学法帮助打通课堂教学和课外实践:在课堂上使用任务教学法,让学生实践了包含各类语言能力的现实工作,帮助并鼓励学生在课外探索各种语言交流[81]。祖尼佳（Zúñiga）指出任务教学法是促进技能整合和语言能力的好方法[87]。理查兹（Richards）和罗杰斯（Rodgers）强调了任务教学法能够增强创建适合学习者需求的学习任务,并通过提供不同的课堂练习来帮助学习者成功掌握技能来完成他们的工作[88]。库尔尼雅西（Kurniasih）还提出,任务教学法在英语语言学习中的目标是加强语言的使用,这是一种专注于真正学习的手段[89]。

许多学者就任务教学法进行了实证研究并肯定了任务教学法的结果。巴瓦哈吉（BavaHarji）等人发现在基于多媒体任务的语言教学环境中,让学习者执行复杂程度越来越高的任务,可以提高第二语言的口语表达能力,特别是在语言输出的准确性、流畅性和复杂性方面[90]。罗宾森（Robinson）还确定,一个简单的任务会导致不太复杂的语言产出,而复杂的任务会在句法模式的复杂性方面引起更丰富的语言产出[90]。斯塔克-派瑞特（Starkey-Perret）等人的研究结果回应了关于二语习得和任务教学法的研究,表明当学习者意识到他们想要交流的内容与他们能够交流的内容之间存在差异时,语言学习会得到增强[90]。卡尔维特（Calvert）和西恩（Sheen）通过任务教学法提高了学生对文化概念和语言项目的熟悉程度,并为学生提供了语言练习,允许学生进行准备,从而提高了学生回答的准确性[90]。格里森（Gleason）和斯莱特（Slater）发现通过任务教学法和口语互动的独特模式有助于培养学生的学术读写能力,也有助于学生了解措辞与意义、文化和写作之间的关系,这也支持了学生对"语言如何解释内容"这一概念的理解[90]。鲁冰（Rubin）指出任务教学法通过目标设定和任务解析帮助学习者计划他们将如何处理任务来达到学习目标。如果教师花时间帮助学生制定个性化的学习方式来完成任务,会产生教师和学生双赢的结果。这些结果包括更为积极的学习环境、更高的学习动力、更高的自我效能感、学习者更高的自尊感、更高的解决问题的能力和控制学习的能力、学习者更加注重学习的过程甚至技能迁徙,即学习者将规划技能应用于其他领域[91]。

　　也有学者认为任务教学法并不能适用所有语言学习场景。赛德豪斯(Seedhouse)认为任务并非构成语言教学基础的有效结构[92]。西恩认为任务教学法只适用于第二语言课堂,因为二语和外语是有区别的[93]。这里笔者简单介绍一下二语和外语的区别,因为许多人把第二语言和外语这两个术语互换使用。第二语言虽然不是说话人的母语,但是一种用于公共交流的语言,尤其在贸易、高等教育和行政管理方面。例如,在许多南亚国家,如印度、孟加拉国和巴基斯坦,英语是第二语言。而外语是一种没有被一个社区、社会或国家的人广泛使用的语言。换言之,它是指除某一特定地区的人所说的语言以外的任何语言。例如,日语、汉语和西班牙语是居住在印度的人的外语。然而,对于生活在印度的人来说,英语并不是一门典型的外语,它是第二语言。让我们回到西恩的观点,西恩认为任务教学法适用于二语教学却不适用于外语教学,因为二语在生活中还会使用,而外语脱离课堂后,学生没什么机会在课外进行语言实践,所以学生没有动力来进行外语任务。斯旺(Swan)则认为任务教学法不适合初学者,因为如果没有语法基础,学生将无法用目标语言进行交流[94]。

　　然而埃利斯反驳了上述学者的观点:"如果学者们认为任务教学法仅仅要求学生进行语言产出,那学者们的想法就失之偏颇。"有的任务需要学习者进行语言产出,也有的任务为学习者提供语言输入。埃利斯列举了普拉布(Prabhu)在1987年做的任务示例,普拉布的任务对于初学者只有语言输入,基于输入的语言,学习者能够构建他们产出语言所需的语法资源。埃利斯还反驳了西恩认为任务教学法不适合外语教学的观点,"恰恰相反,任务教学法非常适合学习能力差或者外语学习的环境。"因为任务教学法让学生有机会在课堂内实践他们的交流技能,弥补外语学习者在课堂外对于交流机会的缺乏[95-96]。图1-2显示了任务教学法如何与认知领域的课堂学习目标进行关联。

　　任务教学法作为一个行之有效的教学策略,它是能与布鲁姆的教育目标分类理论进行一一对应的,关于任务的特征和条件,表1-1总结了埃利斯和新谷提出的人物特征如何影响学生的表现,并且如何与布鲁姆的教育目标分类理论进行相关。

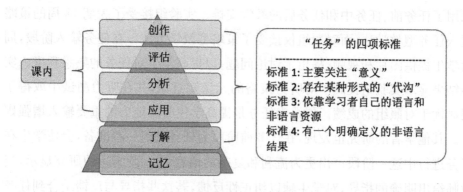

图 1-2 认知领域与任务标准

表 1-1 任务特征与其影响

任务特征	实证研究中的学生表现	布鲁姆教育目标分类
关注意义(真实的现实世界的任务)	能够练习到所有语言能力,促进技能整合提升语言能力	了解,应用,分析
代沟(信息差,观念差异等)	提升任务复杂性能提高学生的口语流利度、准确性和复杂性,任务目标和学生自身的语言能力差距促进了学生的学习	了解,应用,分析
学习者资源(学习者熟悉的信息)	更为流畅和准确的语言输出	了解,应用,分析
明确的非语言的结果	通过完成现实世界的任务增强语言的使用;通过设定目标和分析任务获得奖励	了解,分析,评估,创作

三、任务执行以及加涅九大教学事件

布鲁姆教育目标分类理论最初在 1956 年由学者布鲁姆及其团队成员提出。语言研究者们对于如何在英语课堂上实施任务教学法进行了深入的讨论。埃利斯为任务教学法设计了任务前、任务中和任务后的基本教学顺序,专注于将任务结构化以产生切实的学习成果[82]。对于埃利斯的顺序,周(Chou)进行了教学实践,周将学生分成了实验组和对照组,两组学生都参加了通用学术英语课程,该课程旨在培养学生对于听力理解的元认知意识。周对实验组

采用了任务前、任务中和任务后的教学安排。实验组接受了为期 18 周的策略嵌入任务型教学法,而对照组仅接受了策略型教学方法。在任务输入阶段,周给学生提供图片和视频,提出了讨论问题,以提高学生对任务的熟悉程度。实验结果显示实验组提高了对听力策略的元认知意识,并在听力测试中取得了明显优于对照组的成绩。周认为任务是提高学生听力能力的重要输入增强媒介。其他学者的研究也发现,在任务前阶段为任务进行一些准备,会使学生在任务进行中这一阶段产出更为流利和复杂的语言[97]。萨姆达的研究显示,当教师给出明确的指导,对学生辅以纠正性反馈,若这些指导与反馈结合到任务的执行过程中,可以对学习者理解任务目标、达成任务结果、习得语言产生有利的影响。萨姆达还提出一个适用于班级的任务实施顺序:①学生接受语言输入;②学生对输入语言的处理;③学生对输入语言的合并和反思[98]。诺里斯(Norris)总结了几个任务教学法的研究并指出,基于任务的课程通常有四个主要阶段:①任务前阶段的输入阶段;②任务阶段的教学任务工作阶段;③目标任务执行阶段;④任务后阶段的任务跟进阶段[99]。

不同于任务教学法,加涅开发了单元化的课程设计,并系统化地提出了加涅九大教学事件[100]。九大教学事件将学习的认知方法与对教学结果或行为的关注相结合,背后的哲思是:有效的学习往往涉及一系列的"事件",这些"事件"始于将学生的注意力吸引到所教授的主题上。之后,教师使用一系列的教学步骤,向学习者解释学习目标、刺激学生回忆起已习得的相关内容、引入新的信息或刺激元素、提供学习指导、引导学习者进行演示、给予学习者反馈、对于学习者的演示进行评价,最后将教学内容从学生的短期记忆转移到长期记忆。加涅称九大教学事件结束后,学习者能够将所学知识应用于新的场景之中。加涅九大教学事件不仅是教学事件,也是九部分所组成的学习方法,且该方法反映了成人学习过程的相关认知阶段。加涅认为他的九大教学事件允许学生在课堂活动之外应用他们学到的知识,这一期许与任务型教学法同气连枝,于是笔者将之前的任务教学法与布鲁姆教育目标分类理论的关联进一步扩大,包容进了加涅九大教学事件。于是,加涅的九大事件、与事件相关的认知过程和任务教学法的教学顺序,以及布鲁姆教育目标分类理论(修订版)的相关性都陈列在了表 1-2 中。

表 1-2 加涅九大教学事件、认知过程、任务教学顺序和布鲁姆教育目标分类理论
（修订版）的对应关系

加涅九大教学事件	加涅九大教学事件中的认知过程	任务教学顺序	布鲁姆教育目标分类
引起学习注意	教师提供的刺激激活学生大脑中的受体		记忆，了解
交代学习目标	为学生的学习创立一定程度的期望		记忆，了解
回忆相关旧知	提示学生提取信息并将信息或想法储存到短期记忆中	任务前	记忆，了解
呈现教学内容	在学生的脑海中创造对内容的选择性感知		记忆，了解
提供学习指导	以一种将信息转移到学生的长期记忆中的方式进行语义输出		记忆，了解
引发行为表现	学生通过强化输出和记忆验证的方式回应主题类活动		了解，应用，分析，创作
给予信息反馈	强化想法，并肯定学生根据想法处理或信息应用的方式对正确表现做出评价	任务中	应用，分析，评估
评估行为表现	提示学生提取信息的方式，同时加强学生对信息的最终理解		分析，评估
强化保持与迁移	促使学生提取、概括他们学到的知识，以便他们将学习应用到新的场景之中	任务后	应用，分析，评估，创作

四、完全翻转模型

在任务学习法中，任务被认为是语言学习的基础。加之文献也表明了任务教学法的诸多积极影响，因此，本书探讨如何在翻转的英语作为外语的课堂面授中实施任务教学法。根据以往对于任务的语言教学研究，可以预测，当一项任务满足埃利斯和新谷提出的任务四大标准时，匹配到布鲁姆教育目标分

类理论(修订版),则该任务很可能满足学生更高层次的学习需求。另外,加涅的九大教学事件也反映了成人学习过程中的认知阶段,且这些阶段也能与布鲁姆教育目标分类理论(修订版)进行对应。至此,一个新的设想产生了:当任务教学法中精心设计的任务满足埃利斯和新谷的四项标准,并按照加涅九大教学事件作为设计模型,则这样的课程很有可能达到高层次的教育目标,笔者将这一教学模型命名为完全翻转模型。完全翻转模型将课前的学习与课堂中的课程整合为一个互补的单元。完全翻转模型的理论基础为布鲁姆教育目标分类理论(修订版)、任务教学法和加涅九大教学事件。图 1-3 为完全翻转模型。

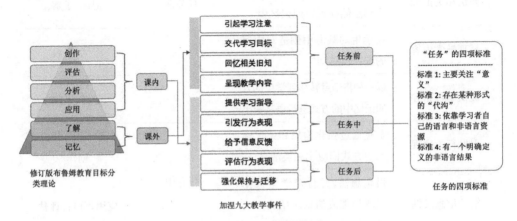

图 1-3 完全翻转模型

翻转课堂教学方式与精心设计的课堂内容有可能创建一个以学习者为中心的课堂。在适当的教学目的和理论指导下,这样的课堂能够培养学习者的语言能力、改善学习者的学习体验并促进师生和学习者之间的互动。

笔者基于布鲁姆教育目标分类理论(修订版)、任务教学法和加涅九大教学事件为理论基础,构建了一个教学模型,并称之为完全翻转模型。在完全翻转模型中,任务遵循埃利斯和新谷的四大准则,即任务侧重意义,存在某种形式的"代沟",包含学习者熟悉的信息,以及具有明确定义的非语言的结果。完全翻转模型遵循加涅九大教学事件,这些事件反映了与成人学习过程相关的认知阶段,且有可能帮助学习者实现对于知识的记忆、理解、应用、分析、评估和创造的技能。因此,探索完全翻转模式对于英语翻转课堂的教学不仅对于笔者自己是一次尝试,更是笔者为外语教学构建了一个模型框架。

第二章

CHAPTER TWO

完全翻转模型应用实例

研究与分析

第一节　完全翻转模型应用实例研究设计

俗语有云"台上一分钟，台下十年功"，这句话本意指在台上表演的时间往往只有短短的一分钟，但为了台上这一分钟的表演时间，需要付出十年的艰辛努力。这句话同样也适用于教学领域。一周的翻转课堂，教师可能只在五分钟的课前视频和九十分钟的课堂面授中出现，加起来可能不到一百分钟，但教师为了准备这一百分钟可能付出了数倍的时间。不能否认，准备翻转课堂是个费心费力的过程。例如一个五分钟的课前视频就包含了太多的心血——写脚本、视频录制、视频制作、互动设计和视频发布等程序。然而，令人愉快的是，教师的心血并不会付诸东流，准备好的资料可以在下一轮教学中继续使用。如果教师们通力合作，分摊视频准备和备课压力，建立一个翻转课堂资源库，则分工后落到个体身上的工作量就不算特别巨大了。那么翻转课堂到底有没有用呢？完全翻转模型比之传统教学模式到底优劣几何？在第四、第五、第六章，笔者探究了完全翻转模型在学术英语阅读课程上的应用，介绍了研究设计、研究问题、研究背景、抽样策略、工具、数据收集程序和数据分析，并详细介绍了创建讲座视频和开发课程教学材料的过程。在此章节，笔者将聚焦于完全翻转实践的研究设计。

一、研究设计

本次研究的目的是检验完全翻转模型对 A 大学一年级新生第一学期的学术英语阅读课程的效果，包括学生的学习结果、认知发展、课堂互动情况和学生感受四个方面。

（一）具体设计方案

嵌入式混合设计法应用于本次的研究设计中[101]。为了检验完全翻转模型如何影响学生在课堂中的学习，本研究将受试学生分成了三组：完全翻转组（EG1），半翻转组（EG2）和对照组（CG）。在完全翻转组中，课程设计完全遵照完全翻转模型，学生在家完成课前作业，在上课时间完成课堂任务，教学活动遵循加涅九大教学事件，任务设计基于埃利斯和新谷的四大准则；在半翻转组中，学生在课前进行与完全翻转组同样的课前学习，但是课堂部分则接受传统的以教师讲座为主的课堂教学模式；在对照组中，学生接受传统教学模式。

这里需要注意的是，EG1 是完全按照加涅九大教学事件进行课程设计的,但我们无法断言传统课堂中(即 EG2 的课堂部分和 CG)教师就不采用任何教学设计手段了。根据笔者对传统课堂的课堂观察,教师也会有类似于加涅教学事件的教学步骤,例如吸引学生注意力、激发学生对之前所学内容的回忆、呈现学习内容、提供学习指导等,但由于传统课堂往往在授课上(即呈现学习内容上)花费大量时间,以至于对于知识的应用和转化部分就没有足够施展拳脚的空间,所以教师往往会省略一些教学事件。

另外,EG1 的课堂部分完全采用任务教学法来设计,而 EG2 和 CG 实施基于讲座的教学模式。在先前的章节中我们设想,基于任务教学法的课堂设计能帮助学生达到较为高阶的认知目标,而研究指出,在以讲座为基础的传统课堂中,学生的应用、分析、评估和创造等高阶认知领域是通过练习、回家作业来发展的。这一传统教学模式的风险在于,如果学生不写作业,在课后不进行任何进一步的学习反思,则他们的高阶认知领域就不会得到发展。

赞努丁和哈利利将翻转课堂中的认知阶段与修订版布鲁姆教育目标分类理论进行了关联,低阶教育目标例如记忆和理解,能够通过翻转课堂的课前视频和讲座达成。而课前的阅读、讲座学习为学生的课堂任务提供了语言输入、知识构建和基础支持,这样课堂上的时间就能花在更高阶的教学目标上,例如应用、分析、评估和创作[79]。因此,在 EG1 中,实施完全翻转模型可以让学生在课堂中花更多时间进行更高层次的学习任务,例如小组讨论等,而记忆和理解等较低层次的教学目标则在课外独立完成。在 EG2 中,学生理论上能够通过在课前观看录制的讲座视频来达到低阶教学目标;而在 CG 中,布鲁姆的低阶教学目标则可能通过课堂讲座、师生问答等方式实现。综上所述,EG1 全面贯彻加涅九大教学事件,在课堂上使用任务教学法,强调修订版布鲁姆教育目标分类理论的低阶和高阶教育目标的实现;而 EG2 和 CG 都部分实施了加涅教学事件,课堂上都采用讲座式教学,可能能够实现布鲁姆分类学的低阶教育目标和部分高阶教育目标。表 2 - 1 展示了三组分类的教学在理论框架上的对比。

表 2-1　实验组和对照组的理论框架对比展示

组别	教学设计	课堂教学方法	布鲁姆教育目标分类理论(修订版)所强调的认知阶段
完全翻转组（EG1）	完全贯彻加涅九大教学事件	任务教学法	创作／评估／分析／应用（课内：教学重点）；了解／记忆（课外：教学重点）
半翻转组（EG2）	部分实施加涅九大教学事件	讲座式教学	创作／评估／分析（课内：部分着重）；应用／了解／记忆（课外：教学重点）
对照组（CG）	部分实施加涅九大教学事件	讲座式教学	创作／评估／分析（课外：部分着重或完全不着重）；应用／了解／记忆（课内：教学重点）

（二）研究问题

为了更好地进行这项研究,笔者研究了以下五个问题。

研究问题 1:在学术英语阅读课程中,参与完全翻转组、半翻转组和对照组的学生是否在期中考试和期末考试成绩中存在显著差异?

研究问题 2:在学术英语阅读课程中,参与完全翻转组、半翻转组和对照组的学生对于自己的学习经历有何看法,三组之间是否存在显著差异?

研究问题 3:在学术英语阅读课程中,参与完全翻转组、半翻转组和对照组的学生对于高阶知识的习得和应用有何看法,三组之间是否存在显著差异?

研究问题 4:在学术英语阅读课程中,参与完全翻转组、半翻转组和对照组的学生的课堂互动有何不同?

研究问题 5:在学术英语阅读课程中,参与完全翻转组、半翻转组和对照组的学生的学习经历是什么?

二、混合研究设计

克雷斯韦尔(Creswell)和克拉克(Clark)将混合研究设计定义为:研究人员根据研究问题和研究假设收集并分析定性与定量数据,并整合(或混合或组合)两种形式的数据和结果,将这些程序组织成特定的研究设计,为所进行的研究提供逻辑和程序[101]。阿里(Ary)等研究者指出混合研究方法可以利用质性研究和量化研究方法的综合优势,并可以利用一种方法的优势来弥补另一种方法的弱点。举个质性研究弥补量化研究不足的例子[102]。多诺万(Donovan)在大型量化问卷前在研究设计中添加了一个小型质性研究部分。多诺万采访了部分将要参与研究的人员,从采访结果中,他们修改了定量研究的受试者招募标准,并设计了更为合理有效的招募程序。多诺万说:"质性研究方法的整合使我们能够了解招募过程并阐明信息内容和信息传递所需要做的改变,以最大限度地招募受试者并确保有效和高效地进行实验[103]。"由此可见,虽然最初的质化访谈只是大型研究的一个小螺丝钉,但是很好地为之后的量化研究做了铺垫和服务,展现了巨大的价值。

虽然混合研究设计不能回答所有的研究问题,也并不一定适用所有研究人员,但它却需要研究人员具备一定的技能、时间和资源来进行广泛的数据收集和分析。克雷斯韦尔评价混合研究设计为一种利用一方优势来抵消另一方不足的研究设计[101]。多诺万也证实了混合研究设计比单纯的质性研究或者量化研究提供了更多的论据。研究人员可以使用所有可用的数据而不必局限于定性还是定量的框架,并且能用混合研究设计回答单一定性或者定量方法无法回答的问题[103]。

混合研究设计有几种常用的研究框架,本研究采用的是嵌入式混合研究方法。嵌入式混合研究方法的基本原理是单个数据集不足以回答不同的问题,并且每种类型的问题都需要不同类型的数据,于是研究者在具有指导意义的主要方法中嵌入提供支持的第二种数据形式[101]。本研究通过课堂实验检验完全翻转模型的有效性,定量测试收集的数据将主要用于有效性的检验。同时,定性方法被嵌入主要的实验方法中,以增强对课堂干预或者定量数据的理解。图2-1显示了本研究的嵌入式混合方法设计图。

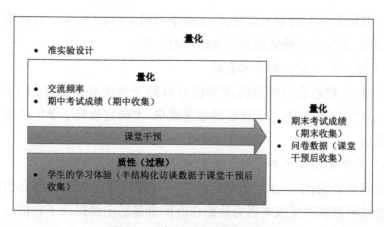

图 2 - 1　嵌入式混合方法设计图

　　本研究的定量部分采用准实验设计,三组(完全翻转组、半翻转组和对照组)的三种教学形式被视为三个自变量,准实验设计将用以检验这三个自变量产生的效果。其他四个定量的变量为:①学生的期中期末考试成绩,用以比较学生学习成果的异同;②李克特 5 点量表收集了学生对于学习经历的看法;③李克特 5 点量表收集了学生对于认知发展的看法;④学生的互动频率被量化记录,用以比较三组的交流异同。定量分析的优势在于能够检验假设是否成立,并验证理论构建是否可靠。另一方面,定量分析也存在一定的缺陷,例如本实验的样本量不算很大,在定量数据分析中会产生较大的误差。一般来说,在定量研究中 30 个样本量是构建统计分析意义的最小数量,样本越小,样本与总体不同的潜在误差越大。本研究的样本由 104 名学生组成,完全翻转组35 人,半翻转组 36 人,对照组 33 人,因此质性研究就能很好补充本研究中样本量不大的问题。

　　本研究的质性部分为半结构化访谈对于学生学习体验的探索,以评估学生的学习方法、学生关注的问题、学生产生的变化和对于教学方法的反馈等,用于补充量化研究所无法提供的体验、意义和说明。通过使用质性和定量两种方法,定量方法的弱点被质性方法抵消。

三、研究框架与研究的变量

　　完全翻转模型的理论框架基于布鲁姆教育目标分类理论(修订版),埃利斯和新谷提出的任务教学法四大标准以及加涅九大教学事件。本研究采用混合研究设计,旨在检验完全翻转模型对于学术英语阅读课程的效果。本研究探究的因变量为学生的学术表现、学生对学习经历的看法、学生对高阶知识的获取和应用、学生的互动情况和学生的学习经历。

（一）因变量1：学生的学术表现

研究显示，精心设计的翻转课堂模型有助于学生获得更好的学习成绩。因此，为了比较学生在教学干预后的学习成果，本研究收集了学生的期中和期末考试数据。

（二）因变量2：学生对学习经历的看法

大量研究表明，学生在经历翻转教学后对翻转课堂的看法都是积极正面的。学生认可翻转课堂策略因为他们在有所准备后上课提高了自信心和参与度。另外，翻转的教学方式使学生们能够更好地理解课程内容。与此同时，学生能使用各种学习材料和在线资源也是他们认为翻转课堂很棒的一个原因。那么学生是不是真的如研究所说的那么满意翻转课堂呢？本研究借鉴并调整了阿扎赫拉尼（Al-Zahrani）的满意度量表，从内容、表现和写作三个维度衡量了学生对课程的满意度[104]。

（三）因变量3：学生对高阶知识的获取和应用

如前章所述，实施翻转学习可以让学生在课堂上有更多的时间去完成布鲁姆教育目标分类中的高阶认知目标，而知识的增长和理解等较低层次的目标则可以在课外的学习中独立完成。那么学生是不是真的习得了更多的高阶知识呢？本研究使用了阿尔鲍格（Arbaugh）等人开发的探究社区（community of inquiry）量表中的认知存在量表，用于评估学生对于高阶知识获取和应用的评价[105]。

（四）因变量4：学生互动

基于以往对任务型教学法的研究，该教学法能够在课堂上为学生提供更多的口语互动机会，并且是在学生几乎不接触外语的环境中也能显示出积极效果的交流方式之一。研究认可了任务教学法在外语教学中提升交流和口语互动方面的优势。另一方面，翻转课堂教学模式也能够促进学生的互动。韩国学者宋的研究显示，学生在课前、课中和课后都承担了个人学习和团队工作的责任，与教师和同学的互动频率都有了提升[63]。除了课堂教学，翻转课堂的课外学习社群也能带来有意义的学习体验，学生在线上积极互动协作，能促进学生在课上的口语交流，学习者在课上讲故事、对话互动和课堂讨论等学习活动的表现会更加出众[70]。验证这一研究结果，洪文婷教授在实施翻转教学后,班上的一位学生指出,同学们都准备充足地来到教室,英语会话的表现力变得越来越强[50]。为了评估翻转课堂结合任务教学法对于学生互动的作用,本研究使用课堂观察来记录以下类别的课堂互动频率:①教师向全班提出问题的频率;②教师向单个学生提问的频率;③学生对教师问题的回答频率;④学生回答错误的频率;⑤学生提出问题的频率;⑥学生对全班做出评论的频率;⑦学生间互动的频率;⑧学生与教师互动的频率。

（五）因变量 5:学生的学习经历

为了对量化数据进行补充,本研究进行了半结构化访谈来评估学生的学习方法、学习关注点、疑惑的问题、产生的变化,以及学生对团队合作的任务反馈来探索学生的整体学习体验。

总的来说,本研究采用嵌入式混合方法来研究五个因变量,旨在通过收集分析学生的期中期末成绩来解释因变量 1(学生的学习成绩),通过满意度量表来解释因变量 2(学生对学习经历的看法),通过认知存在量表来解释因变量 3(学生对高阶认知的看法),通过课堂观察来探索因变量 4(学生互动情况),最后质性研究半结构化访谈用以研究因变量 5(学生在三组内的学习经历)。

第二节　完全翻转模型应用实例研究背景和程序

本研究在一所综合性公立研究型大学开展,参与者为 104 名非英语专业大学一年级学生。以下是对研究背景,课程设置和受试者招募的详细描述。

一、研究背景

A 大学位于华东地区,为一所综合性研究型全国重点大学,拥有超过 50 个院系,开设人文、教育、科学等 80 余个本科专业,全日制本科生逾万人。A 大学的大学英语课程面向所有非英语专业的本科生开设,学生按照英语能力被分为 D、C、B、A 四个等级。特招生、联合培养的少数民族学生和第一外语不是英语的学生被分在 D 级别,艺术类和体育类的学生被分在 C 级别。其他非英语专业的本科生在进入学校后参加统一的英语测试,根据英语水平被分到 B 级或 A 级(A 级的英语水平要求高于 B 级)。具有较高英语水平的 C、D 级别学生也被鼓励参加分级考试并申请加入 A、B 级班级。A 大学约有 70%的一年级非英语专业新生被安排在 B 级班级。本研究的受试者也从 B 级学生中招募。

（一）学术英语阅读课程

学术英语阅读课程是 B 级学生必修的核心课程之一。A 大学开设的学术英语课程选用统一教材《通用学术英语阅读》，该课程每周安排一次面授，每次面授 90 分钟。在一学期内，学术英语阅读课程开设了 50 余个选课班级，分别由大学英语部不同的教师进行授课。学生可以根据自己的时间安排和个人喜好挑选适合自己的班级。所有班级都使用统一的教材和教学大纲，拥有统一的教学目标，进行统一的期中期末考试。教学大纲包含了详细的每周任务、练习和家庭作业。教师基本遵照教学大纲开展教学活动，但不同教师有自己独特的教学风格，也可能会增加一些额外的练习。表 2-2 展示了某一周的教学计划作为教学大纲的示例。

表 2-2　教学大纲示例

教学周	课堂内容	思考和讨论	课内实践	课后练习
10	阅读：悬疑小说类 *The Dusty Drawer* (pp. 363-374)	讨论： 文章与写作结构 (p. 377)	文中词汇 (pp. 377-378) 词汇总览 (pp. 380-381)	字典学习 (p. 379)

（二）研究受试者

本研究招募的受试者为 A 大学的大一新生，他们来自不同专业，英语分级水平都在 B 类，都在第一学期选择了学术英语阅读课程。研究者将一个学术英语阅读班级设为了完全翻转组，又将任意两个班级设为半翻转组和对照组。共有 104 名学生参与本次研究：完全翻转组 35 人，半翻转组 36 人，对照组 33 人。104 名学生都将参与课堂干预，完全翻转组的课堂干预设计由研究人员一起参与。半翻转组的课前活动由研究人员设计后发送至任课教师，课堂部分则交由教师自由发挥。研究人员对对照组不进行任何干预，只进行数据收集工作。

二、研究工具和程序

本研究从多个来源收集受试者数据，以了解受试者对于学习体验的看法，数据包括：学生的期中期末考试成绩，考查学生对于学习体验看法和认知能力发展看法的两个量表，课堂观察记录的交流频率数据和半结构化访谈数据。

期中期末考试。学术英语阅读课程的期中期末考试均由大学英语部的教师们研究决定，所有开课班级使用同样的试卷，在同一时间对学生进行检测。期中考试和期末考试题型相同，总分都为 100 分。期中考试在学期中进行，期末考试在学期末进行。

问卷。用于评估学生对于学习经历和认知能力发展看法的问卷共 24 题，包含两张量表，每个量表含 12 句陈述。学生按照李克特 5 点评分法对于每个陈述给出评价，1 分表示极为反对，2 分表示反对，3 分表示一般，4 分表示赞同，5 分表示极为赞同。第一部分为满意度量表，改编自阿扎赫拉尼的研究问卷，用于评估参与者对完全翻转课堂、半翻转课堂和传统课堂的学习体验[104]。第二部分为认知存在度量表，改编自阿尔鲍格的研究问卷，用于衡量参与者高阶认知的习得看法[105]。63 名学生在先导实验中帮助测试了问卷的可信度和可用性。满意度量表的克朗巴哈系数（Cronbach's α）为 0.90，认知存在度量表的信数值为 0.93，都体现了极为优秀的信度和内部一致性。

课堂观察。为了对比完全翻转组、半翻转组和对照组学生在课堂互动中的频率差异，研究者在 3 组所有面授中各选取了 4 次面授（共 12 次）进行课堂观察。研究者用座位观察记录表（Score Chart）记录了课堂交流模式。图 2-2 展示了座位观察记录表的记录示例。

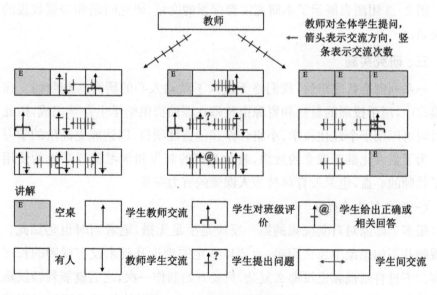

图 2-2　座位观察记录表示例

座位观察记录表由教室座位图和只是语言交互流程的箭头组成。箭头的底部表示发起口语交互的人,箭头的头部表示交流的对象,为了使图标保持简洁,箭头上的竖线表示重复交互的数量。以下交流数据将被收集:①教师向全班提出问题的频率;②教师向单个学生提问的频率;③学生对教师问题的回答频率;④学生回答错误的频率;⑤学生提出问题的频率;⑥学生对全班做出评论的频率;⑦学生间互动的频率;⑧学生与教师互动的频率。

半结构化访谈。本研究的访谈旨在从三组学生的角度了解他们的学习经历。开放式的访谈能提供问卷和试卷中所无法体现的信息,而这些信息在学生非常个人的经验水平上为整个研究增加了深度、细节和意义。选择半结构化访谈的原因是,一方面非结构化访谈对于每个参与者的提问是不一致的,不一致的问题对于三组学生的学习经历没有可比性;另一方面,结构化访谈对所有受访者的问题都是完全一致的,降低了受访者提供丰富详尽描述的可能性。因此,半结构化访谈既能够确保受试者解决相同的问题,也允许受试者根据他们的观点自由地回答访谈问题。访谈安排在学期完全结束后。研究者在学期结束前两周发邮件给所有课堂实验参与者,从中挑选出愿意参与访谈的人员。三组各招募 6 名访谈受试者,共 18 人。半结构化访谈由 10 个问题组成,访谈时间为半小时至一小时,采访过程被录音后转为文字保存。

图 2-3 用图表展示了本研究需要探索的变量、研究问题和数据收集的对应关系。

三、研究实施

一系列的准备完毕后,我们终于进入了激动人心的研究实施阶段。在翻转模式中,用于授课的材料和资源由教师在课前提供给学生自学完成,因此课堂时间可以用于个性化教学、小组合作和创造性项目,以达成更高阶的学习目标。为了最大化翻转课堂的效果,教学视频的制作和学习管理系统的使用凝练了教师的心血,也是教育科技步入课堂的有力一步。

(一)自制教学视频

很多老师面对自制视频的第一反应是手足无措,笔者当时也是如此。自制视频并不如想象中那么简单,也要以一定的理论基础来设定视频的长度和内容。不过自制视频也没那么复杂,只要开始制作一次,之后就能驾轻就熟。

梅尔(Mayer)的多媒体学习认知理论认为,多媒体教学需要经过深思熟虑的设计才能促成有意义的学习[106]。而多媒体教学设计应该有助于学生进

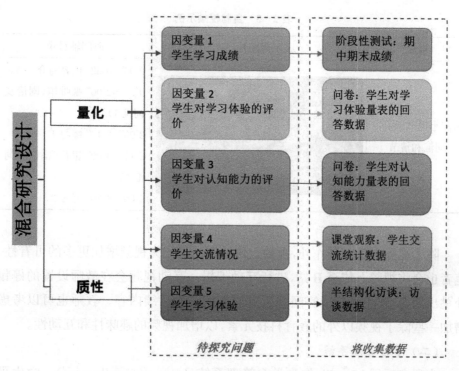

图 2-3 研究设计、待研究问题与将收集数据

行理解,又不会造成不必要的认知过载。因为有意义的学习需要大量的认知处理,而学习者的信息处理系统并不是无限制的。有学者进行了一项实证研究,调查了不同视频制作对学生参与度的影响后,总结了有效的讲座视频的六个特点:①使用分段视频,每个视频时长小于 6 分钟;②偶尔在屏幕上显示教师头像;③视频拍摄不要太过正式;④教师使用一些流畅的肢体动作,语言不要有太强的背稿痕迹;⑤教师要表现出热情;⑥视频能够重看和略看[107]。

笔者将梅尔的理论和实证研究结果作为本研究自制视频的理论指导,用旁白视频插入 PPT 内容解说中,对政治、文化、语言和文学等主题进行讲解。除了 PPT 以外,笔者还使用了 PowToon、Adobe Sparks 和 Animmoto 等各种工具来制作讲座视频。长视频被按照主题分为小段,单个视频时长不超过 6分钟,每个视频都提供一个时间轴,支持学生跳至时间轴对应内容进行重看和浏览。表 2-3 展示了视频示例。

表 2-3　自制视频示例

视频	示例图片	时间轴目录
侦探小说节选——词汇和情节	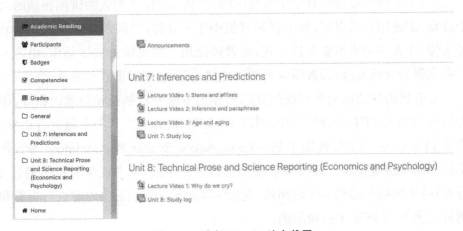	0′00″－0′52″ 内容简介 0′53″－2′00″ 咖啡馆（剧情及词汇1） 2′00″－2′10″ 练习1 2′11″－4′00″ 银行（剧情及词汇2） 4′00″－4′20″ 练习2

除了视频本身的制作外，视频上传的网站也能为视频增加更多的可看性。笔者也会将视频上传至 B 站，进行互动编辑。互动视频会在教师设置的停顿处跳出问题，学生正确回答问题后方能继续观看后续内容。教师也可以考虑增加一些除了视频以外的教育科技元素，以增加视频的趣味性和互动性。

（二）学习管理系统

本研究采用 Moodle 作为学习管理系统（https://moodle.org/）。学生可以使用学号和统一密码访问班级 Moodle 网站。预先录制的视频被教师上传至 Moodle，学生在课前观看视频并进行论坛交流活动。图 2-4 显示了班级 Moodle 站点的示例。

图 2-4　班级 Moodle 站点截屏

　　Moodle 有免费版本和各类付费升级版本,在学生数量不多的情况下,免费版本能满足教师的教学需要。当学生数量大于 Moodle 的免费服务数量后,教师可以自行比较市面上的学习管理系统,择优选用。另外,许多学校为教师提供了校级学习管理平台,教师可以多关注这一类教育科技资源。

　　(三)完全翻转组、半翻转组和对照组

　　为了检测完全翻转模型的效果,本研究设置了两个实验组和一个对照组。完全翻转组(EG1)采用了完全翻转的授课模式,学生在课前观看教师录制的视频,学习阅读材料,完成对应练习。EG1 的课堂教学设计采用的是任务教学法,学生围绕任务进行小组合作。学生在课后对课程内容进行反思,完成作业。对照组(CG)采用传统授课模式,没有强制性的课前部分,学生也许会预习也许不会;在课上,教师进行讲座式教学;而课后学生完成教师布置的作业。到这里,也许有人会说,完全翻转组在课前就让学生进行了大量的学习任务,即便学生的学习成果好于对照组,也不能说明到底是课前部分奏效还是课上的任务型教学法产生了效果。于是研究者又设置了另一个实验组——半翻转组(EG2)。在 EG2 中,学生进行和 EG1 相同的课前学习;但在课上,学生接受的是传统的讲座式教学;而课后,EG2 的学生与其他两组一样,完成教师布置的课后作业。表 2-4 展示了两个实验组和一个对照组的课前课中课后安排,相同的内容用同样的颜色进行了色彩编码。

表 2-4　三组课前课中课后安排

检测状态	完全翻转组(EG1) ($n = 35$)	半翻转组(EG2) ($n = 36$)	对照组(CG) ($n = 33$)
课前	学生观看教师录制的视频,学习阅读材料,完成对应练习	学生观看教师录制的视频,学习阅读材料,完成对应练习	无
课中	基于任务的翻转教学模式	基于讲座的传统教学模式	基于讲座的传统教学模式
课后	学生完成课后作业	学生完成课后作业	学生完成课后作业

　　对照组(CG)。关于对照组的描述其实不需要过多赘述,大家都很明白传统教学模式是如何展开的。A 大学的大学英语部教师会进行集体备课,但是

备课材料只是建议采用,并不强制各个教师使用。教师可以在集体备课材料基础上增加自己的内容,或对备课内容进行调整。

在 CG 中,每周的课程有两个阶段:第一阶段为课堂阶段,老师进行讲课,学生完成课堂活动。表 2-5 为一个典型的讲座式课程教学设计与上课流程。第二阶段为课后阶段,学生完成教师布置的作业。

表 2-5　讲座式课堂设计与流程示例

1.告知学生学习内容	2.进行阅读前提一些问题	3.进行阅读前介绍作者	4.进行阅读前学习单词
5.进行阅读——情节解说	6.进行阅读——写作技巧 1	6.进行阅读——写作技巧 2	6.进行阅读——写作技巧 3
7.进行阅读——人物介绍 1	7.进行阅读——人物介绍 2	8.阅读理解 1	8.阅读理解 2
9.讨论	10.作业	11.结语	

完全翻转组(EG1)。 在完全翻转的模型中,用于授课的材料和资源在课前由教师提前发给学生,供学生在课前进行学习。学生需在课前阅读文章,学习词汇并理解故事情节。EG1 每周的教学分为三个阶段:第一阶段为课前阶段,学生在此阶段需要阅读每周阅读材料并观看关于该周主题的讲座视频,在学习管理平台上参与课程内容讨论或小组活动。表 2-6 展示了完全翻转组课前部分的课程设计。

表 2-6　翻转课堂课前部分设计示例

《尘封的抽屉》教学计划(课前)
材料:1.讲座视频——尘封的抽屉;2.课本;3.Moodle 学习管理系统讨论板块。

（续表）

加涅九大教学事件	任务设计	
1.引起学习注意 2.交代学习目标 3.回忆相关旧知 4.呈现教学内容	任务1:视频学习(任务类型:解决问题) 学生观看讲座视频,阅读指定的段落并完成阅读练习	任务2:讨论(任务类型:解决问题)针对讲座视频,学生需要回答一些问题。例如:①从本课中你学到了哪些有用的词汇或表达? ②请对 Logan 和 Tritt 的人物特性做出评价

　　第二阶段为课堂阶段,在课堂上,学生完成基于完全翻转模型设计的任务。表2-7展示了延续表2-6的课堂教学设计和操作程序。第三阶段为课后阶段,学生完成课后反思并完成教室布置的作业。

表 2-7　翻转课堂课中部分设计示例

《尘封的抽屉》教学计划(课中)	
材料:1.PPT;2.Kahoot;3.人物集换卡;4.任务讲义;5.课本	
加涅九大教学事件	任务设计
5.提供学习指导	在学生进行任务前,教师或提供示例,或呈现相同内容的多个版本,例如视频、PPT 演示文稿、讲座、播客或小组活动等
6.引发行为表现	热身活动:吸引学生注意力并检测复习课前自学 活动1:缤果(Bingo)猜词 　　教师对学生进行缤果词汇测试,学生在测试中尽可能多地获得分数以显示他们对词汇的掌握程度。词汇全部来自课前讲座,第一个猜中所有词汇的学生大喊缤果(Bingo),可以得到奖励。 活动2:书中角色讨论 　　教师可以在衣着服饰上穿得很像 Logan(书中角色)或通过教具激发学生对于书中角色的记忆,引导学生进行书中角色简单讨论

（续表）

6.引发行为表现	**任务1：角色扮演**（任务类型：解决问题） ①教师通过展示故事场景的图片来回顾文章结构（课前讲座二内容）。学生回忆这些场景中发生过的故事。 ②学生两人一组进行角色扮演，一人扮演Logan，一人扮演Tritt，用自己的语言重新演绎书中的内容
	任务2：人物集换卡（任务类型：解决问题、交换意见） ①学生分组工作。学生使用人物集换卡将他们通过阅读对任务的理解应用到角色性格分析中。例如学生将分析Logan和Tritt，然后互相交换卡片以了解其他人对角色的看法。 ②学生充分交换卡片后，可以请学生诵读他人卡片的内容并进行评论，或概括总结交换后的卡片内容等
	任务3：课堂讨论（任务类型：意见交换） 在学生对人物有一些多元了解后，教师带领学生讨论：①你相信Tritt从Logan账户里偷了200美元吗？为什么？②《尘封的抽屉》中所犯罪行的性质是什么？与Logan的行为相比，Tritt的行为会引起什么后果？两者的行为有什么区别？这两人在道德层面上有区别吗？有优劣之分吗？③Logan的行为是否合理？你认为他犯法了吗？你认为他伸张正义了吗？学生分组将讨论结果分享在共享文档（例如腾讯文档）中，教师总结学生观点，也可以请学生代表总结小组讨论观点
7.给予信息反馈	在学生进行任务或练习后，教师提供即时反馈以评价和促进学生学习（例如教师向学生提出建议、提供推荐信息，或者纠正表达错误等）
8.评估行为表现	教师通过口头提问和测验（例如缤果游戏、角色扮演等）在这个教学过程中迁入问题，并对学生表现进行评价。另一方面，学生通过交换人物集换卡，对他人的工作进行学习总结和评价
9.强化保持与迁移	教师要求学生使用学习笔记来记录他们从课堂和阅读中学到的内容，示例问题包括：①你从这个故事中学到了什么？②任务（例如人物集换卡）如何帮助你组织想法或更好地理解故事和角色？③你认为有什么学习策略或理解策略可以用于其他文本学习中

　　半翻转组（EG2）。正如表2-4所示，EG2与EG1拥有共同的课前阶段，也与CG拥有同样的课堂阶段。简单来说，EG2每周的教与学也拥有三个阶

段：与 EG1 相同的课前阶段，即学生观看视频完成课前预习工作；与 CG 相同的课堂阶段，即教师进行讲座式授课，学生听课并回答问题；以及课后阶段，即学生完成教师布置的作业。

第三节　完全翻转模型应用实例数据分析与结果讨论

本研究收集了学生的期中期末成绩、问卷数据、课堂互动数据和半结构化访谈数据。在这一章里，笔者会描述数据收集的过程与结果讨论。

一、数据收集与数据分析

容笔者提醒一句，教师们在做任何课堂实验、开始收集任何数据之前，都要经过伦理委员会的伦理审查，在得到批准后才能开始进行相关研究和数据收集工作。每个学校或机构的伦理审查也许各有不同，申请者也许需要先通过各类考试，并且伦理审查也需要一定的时间。教师们在设计研究方案时要关注学校或机构的伦理审核要求，并注意给伦理审核预留一定的时间。

（一）期中期末考试成绩

期中考试数据在第八周收集，所有参与学术英语阅读课程的学生都随堂进行一次 60 分钟的期中考试。期中考卷由大学英语部统一命题，各任课教师采用相同的问卷和答卷、相同的评分标准，各自对所负责班级的试卷进行评分。考试成绩记录于电子表格中。

期末考试数据在第十七周的最后一节课上收集，所有参与学术英语阅读课程的学生都随堂进行一次 60 分钟的期末考试。期末考卷由大学英语部统一命题，题型与期中考试一样，各任课教师采用相同的问卷和答卷、相同的评分标准，各自对非管辖班级的试卷进行评分（例如教 123 班级的教师评 456 班级的试卷）。考试成绩同样记录于电子表格中。

（二）问卷数据

学生在第十七周完成期末试卷后，任课教师将纸质调查问卷发放给学生。纸质问卷对比网络问卷有更高的回答率，也能回避技术原因产生的废卷问题，不过网络问卷在数据统计方面会比纸质问卷更为省力高效。所以，研究者可以因地制宜，考虑采取何种形式的问卷调查方式。

学生填写问卷大约需要 15 分钟，问卷包括两个独立的量表。问卷采用匿名的方式，学生不用在问卷上留下任何个人信息，且为学生的隐私考虑，在学生回答问卷和提交问卷时,教师全程都不在场。学生们将完成的问卷投入放置在讲台上的投票箱后,就可整理物品离开教室。

本研究共收取有效问卷 99 份,34 份来自 EG1,34 份来自 EG2,31 份来自 CG。问卷数据被整理后记录于电子表格中。

（三）课堂互动数据

研究者在第二周和第十五周之间对 3 组学生进行课堂观察。恰彭尼的研究显示通过额外课堂录像的方式可以帮助学生习惯被录像并尽量减少可能产生的霍桑效应（Hawthorne Effect）。霍桑效应是一种心理现象,在本研究的情况下,学生可能因为知道自己正在被录像而有更积极的行为或表现[108]。考虑到这些因素,研究者对于每一次的课堂面授都进行了 45 分钟的视频录制,并从这些课堂视频中各组随机抽取 4 个视频（共 12 个视频）进行观察分析。研究者统计了互动频率并做了一些观察笔记用以解释和描述量化的互动次数无法传达的信息。教师向全班提出问题的频率,教师向单个学生提问的频率,学生对教师所提问题的回答频率,学生回答错误的频率,学生提出问题的频率,学生对全班做出评论的频率,学生间互动的频率,学生与教师互动的频率等数据被分类收集后进行量化并被记录在电子表格中,对于学生互动的文字描述以插入解释的形式也被记录于电子表格中。

（四）半结构化访谈数据

半结构化访谈在课程完全结束后,由研究者对受访者进行时间、地点的安排。研究者分别从 3 组研究对象中各招募了 6 位受访者,总共 18 人。多数受访者更偏爱在网络聊天室使用语音通话的形式接受访谈,少数受访者要求在教室内进行一对一面谈。访谈用受访者的母语——中文进行,以便受访者能够充分理解问题,解释他们的想法或者提出论点。每次采访前,研究者都向受访者解释采访意图,在经过受访者同意后对访谈进行录音。访谈音频之后被转录为文字,保存在电子文档中。

（五）数据分析

期中期末考试数据被记录在电子表格中,研究者在确认这些数据没有错误、遗漏或其他问题后,将其导入 IBM SPSS 中进行统计分析。协方差分析（ANCOVA）用于检查学生期末对比自己的期中成绩是否有任何进步或退步,以及三组学生之间的进步退步是否存在统计学上有意义的差异。

座位观察记录表以及表示交流方向和频率的箭头竖线等标识记录了课堂

互动情况。电子表格中的量化数据被导入 SPSS 进行统计分析，文字记录被用于补充对统计数据的理解。

　　半结构化访谈的文字版本由研究者充分、多次阅读，以检查转录的准确性和意义表达的清晰性，以便更好地理解受访者表达的意思。Nvivo 软件用于帮助研究者进行访谈资料分析和管理，开放式编码用于探索受访者的访谈记录，这些编码和解释被呈现给受访者，让他们有机会对于编码准确性进一步评论。两名外部编码员被邀请审查编码本并从访谈记录中随机抽取几个编码，查看编码的准确性。之后研究者将编码合并形成 5～7 个关联主题。主题用以回答研究问题，补充量化研究无法给出的解释和意义。最后，量化研究结果和质性研究结果被整合为一个连贯的整体，互相补充，各取所长。

二、数据分析与结果

　　在烦琐的研究准备、漫长的数据收集以及复杂的数据分析之后，我们终于迎来了研究结果。笔者通过对 5 个研究问题——回答的形式来逐个揭示数据分析的结果。

　　研究问题 1：在学术英语阅读课程中，参与完全翻转组、半翻转组和对照组的学生在期中考试和期末考试成绩中是否存在显著差异？

　　本研究共有 104 名学生参与了期中和期末考试，EG1 有 35 人，EG2 有 36 人，CG 有 33 人。期中、期末考试题型和分值完全相同，第一部分是词汇测试，分值为 40 分；第二部分是阅读理解，分值为 50 分；最后一部分是写作，分值为 10 分，卷面总分为 100 分。

　　期中和期末考试的描述性统计分析见表 2 - 8，EG1 的学生在期中和期末考试中取得了更高的平均分。在各项分数中，EG1 的学生也表现不俗。相比另外两组，EG1 的学生在期中和期末考试中都取得了更高的词汇平均分，更高的阅读理解平均分。但是他们却在两次考试中都取得了最低的写作部分平均分。

表 2-8　完全翻转组、半翻转组和对照组学生期中、期末考试成绩的描述性统计分析

组别	人数	变量	平均分	标准差	变量	平均分	标准差
EG1	35	期中成绩（总分）	76.43	9.31	期末成绩（总分）	74.06	14.44
EG2	36		68.36	12.50		67.47	20.58
CG	33		70.12	14.37		69.72	17.71
EG1	35	期中词汇	31.66	4.01	期末词汇	29.71	7.36
EG2	36		24.17	8.67		26.78	10.50
CG	33		25.45	8.91		28.18	9.10
EG1	35	期中阅读	37.60	6.61	期末阅读	37.40	7.82
EG2	36		36.72	5.86		33.42	10.93
CG	33		37.29	7.00		32.15	9.36
EG1	35	期中写作	7.08	0.62	期末写作	6.84	0.61
EG2	36		7.26	0.76		7.17	0.70
CG	33		7.14	1.48		7.08	0.68

　　方差分析结果显示,学生的期中总成绩存在显著的统计学差异。完全翻转组的学生在期中考试中的表现明显优于半翻转组的学生。从具体小项来看,完全翻转组在词汇方面的表现明显好于半翻转组和对照组。

　　至于学生在期末考试中的表现,协方差分析结果显示,完全翻转组的学生在阅读理解方面明显优于对照组的学生。

　　研究问题 2:在学术英语阅读课程中,参与完全翻转组、半翻转组和对照组的学生对于自己的学习经历有何看法,三组之间是否存在显著差异?

　　方差分析显示三组学生对于学习经历的总体满意度无显著差异。研究者遂逐一检验受试者对每一条陈述的意见并发现学生在第一条陈述(我能够按照自己的需求多次复习上课内容),第七条陈述(本课程有助于我的个性化学习)和第九条陈述(这堂课促使我与老师有了更多的交流)上表现出了显著的看法差异。

　　数据表明,完全翻转组的学生比起对照组的学生对课程能够进行多次复习。另外,半翻转组的学生更为同意课堂促进师生交流的说法。与此同时,半

翻转组的学生比起对照组的学生更认可学术英语阅读课程有助于他们进行个性化学习。

研究问题 3：在学术英语阅读课程中，参与完全翻转组、半翻转组和对照组的学生对于高阶知识的习得和应用有何看法，三组之间是否存在显著差异？

学生对于高阶知识习得的看法也没有什么显著的差异。在对比各条陈述后，研究者发现学生对于第四条陈述（我会去搜索各类信息来解决这个课程中出现的问题）有一些不同的意见。结果表明，完全翻转组的学生对比对照组的学生更有可能利用各种信息资源来探索课堂中提出的问题。此外，学生对于高阶知识习得的其他看法都十分接近。

研究问题 4：在学术英语阅读课程中，参与完全翻转组、半翻转组和对照组的学生的课堂互动有何不同？

笔者在听课之时观察学生的互动，感觉甚为惊喜。说实话，即便不看研究数据，仅从学生的课堂参与度来看，也能明显感觉任务教学法比之传统讲座式教学更能促进学生的语言输出。最为直接的一个原因是：在任务教学法中，教师会不停地向学生抛出问题。被点到名的学生哪怕不知道答案，也多少会有一些对于自己无法回应问题的解释，站着杵木桩的或者坐着不为所动的少之又少。于是乎，面对教师轰炸般地提问，学生的反馈自然就会变多，更不用说学生用来进行课堂讨论和课堂演示的交流了。但是从另一个层面来看，也不能说传统教学法就完全没有课堂交流，或者学生完全没有高阶知识习得。笔者在听课之时，身边坐着一个非常勤奋的学生，在课程开始之前书本上就做满了密密麻麻的笔记。虽然教师在上课过程中与学生的交流甚少，但是在课间或者在有限的互动中，该学生总能抓住各种机会与教师探讨遇到的问题，甚至抓着听课教师——也就是笔者，探讨各种学业上的困惑。这让笔者感觉，如果自身学习动力够强，在任何形式的课堂环境中，想学好的人都能学好。可是如果大家都只是普普通通，学习动力一般，各方面都趋于平均水平的学生呢？到底哪一组的课堂交流更活跃、更能带动更多的学生参与进来呢？就让我们来看看三组学生的课堂交流情况到底有何不同。

(1)教师向全班提出问题的频率。在四次课堂交流统计数据中,完全翻转组的教师提问数量高于其他两组,除了在第一次课中,对照组教师对于全班的提问数量最多。提问数量统计见表2-9。

表2-9　教师向全班提出问题频率对照表

分组	第一次	第二次	第三次	第四次
完全翻转组(EG1)	6	6	7	11
半翻转组(EG2)	3	1	4	5
对照组(CG)	14	4	6	4

从对照表中可以看出,虽然完全翻转组的提问数量高于其他两组,但从数量上来看也并没有多太多。请容许笔者从课堂体会者的角度来解释这些数量差异。

在完全翻转组中,教师采用的是任务教学法。也就是说,在课堂上,教师并不是整个教学过程的核心。教学核心是小组任务和小组汇报。教师的角色更像是一个串联各个部分的协调者。而教师问题的功能也多是唤起学生注意力、激发学生对于课前学习的回忆、对学生进行一些提示或对于重点问题的强调。而在半翻转组和对照组中,教师采用的是讲座式的传统授课方式,即教师基于多媒体演示文稿,将教学重点和知识点讲授给学生。在传统课堂上,教师也会有一些吸引学生注意力、检验学生认知阶段的教学活动,也会组织小组讨论,但这些绝对不是课堂的核心。课堂的核心有且只有一个,就是教师。因此,虽然从教师对于全班提问频率来看,完全翻转组没有压倒性的数量差异;但从课堂感受来看,在教师为数不多的说话时间里,完全翻转组的教师提问的频率就显得很高。这一点,从之后的学生访谈中也能看出。有一个完全翻转组的学生点评道:"我觉得教师高频的提问,是困顿的早八课的提神良药。"这里学生提到的早八是指早上八点的课程。

另外值得注意的一点是,第一次对照组教师对于全班的提问频率显得非常高。从课堂观察笔记来看,由于课程时间是午饭后的第一节课,而那一次的课堂不知什么原因相对沉闷。教师为了唤起学生的注意力、检查学生的理解情况,采用了频繁提问的方式,且问题多为是非问题,即学生能用简单的是或否进行回答。例如,教师经常问:你们能理解吗?（Can you understand?）我们能继续讲了吗?（Shall we move on?）

(2)教师向单个学生提问的频率。数据显示,在第一、第三、第四次课中,完全翻转组的教师向单个学生提问的频率比另两组要高得多。然而,在第二次课中,半翻转组的教师提出了更多的问题。具体提问统计数据如表 2-10 所示。

表 2-10　教师向单个学生提出问题频率对照表

分组	第一次	第二次	第三次	第四次
完全翻转组（EG1）	20	7	21	19
半翻转组（EG2）	11	11	8	4
对照组（CG）	8	2	5	8

笔者想补充一些课堂观察数据,解析完全翻转组教师提问率高的原因。在完全翻转组,当任务结束后,教师会邀请小组代表进行汇报。在这一环节,教师提出问题,小组代表给出回答,这种形式也被看作教师向单个学生提问。另外,教师在向整个班级提出问题后,有时会进一步对单个学生进行问询。又因为完全翻转组的教师向全班提问的频率是最高的;继而,教师对于单个学生的提问转化率也相应会比另两个班级高一些。

在第二次课中,半翻转组的教师向单个学生提出了更多问题。根据课堂观察笔记来看,半翻转组的学生在第二次课时没有主动回答任何问题,对教师提出的全班性问题也只有寥寥几个评论。因此,老师只好点名学生回答提出的问题。

(3)学生对教师问题的回答率。学生对教师问题的回答率与教师对单个学生提出问题的频率高度相关。因此,完全翻转组的学生在第一次、第三次和第四次课中比其他两组的学生更频繁地回答教师的问题;而半翻转组的学生在第二次回答了更多的教师问题。为了避免数据的重复展示,学生回答率的对照表可以参考表 2-10。

但是值得注意的是,在对照组中,有一名学生志愿对两个问题进行了作答,分别给出了一个正确答案和一个错误答案;而在完全翻转组和半翻转组中,却没有同学主动举手回答老师提出的问题。

观察笔记显示,主动回答问题的学生其实在举手之前就老师提出的问题进行全班性的评论。因为老师不知何故忽略了该学生的评论,他才举手发表了自己的意见。观察笔记结合笔者自己的经验也显示,学生通常不会举手回答任何问题,相应地,他们会就教师提出的问题进行全班性的评论。例如,教师问:"某人物有什么性格特点?"学生会面向全班进行评论,例如,"精明能干""适应力强"等。当教师捕捉到学生的评论,并就学生的评论给出反馈后,学生也会做出更多的课堂评论。

(4)学生回答错误的频率。 根据课堂观察,学生的错误回答内容可以分为有内容的错误回答和无内容的错误回答(例如,我不知道)两类。在 24 个错误回答里,完全翻转组的学生给出了 7 个有意义的错误答案,2 个"我不知道";半翻转组的学生给出了 1 个有意义的错误答案和 7 个无内容的错误回答;对照组的学生给出了 2 个有意义的错误回答和 3 个"我不知道"。

错误答案本身可能与问题并不相关,即使是有内容的错误答案与正确的答案也相去甚远。但是完全翻转组的学生在哪怕不知道答案的情况下,更倾向于制造一些语言上的产出。而更少人选择"完全躺平,放弃挣扎"。

(5)学生对全班做出评论的频率。 可能有人会疑惑,什么叫作学生对全班做出评论?容笔者稍作解释。受儒家文化影响,学生在成长环境中以谦虚低调为荣,故而学生并不倾向于在课堂上举手发言,大学阶段的学生尤其如此。因此,很多学生即便知道答案,也不选择举手回答教师的问题,而是通过对全体班级做出评论的方式,展现自己的知识内容。例如,教师的问题是,"某人物有什么性格特征吗?"学生可能会以评论全班的方式说:"世故老练。"这是一种既像是自言自语,又像是回答问题的方式。数据显示完全翻转组的学生有更多的全班评论的数量。具体对比见表 2-11。

表 2-11 学生向全班做出评论的频率对照表

分组	第一次	第二次	第三次	第四次
完全翻转组(EG1)	30	18	6	15
半翻转组(EG2)	0	0	1	3
对照组(CG)	7	3	3	0

　　从笔者亲临课堂现场听课的感受以及观察教学录像做下的观察笔记来看,学生在进行讨论后更有可能做出对全班的评论。然而,学生对于全班的评论主要是词汇层面的,包括单词和短语。比如,在第一次课上,半翻转组的学生有一个翻译练习。然而没有学生就他们如何翻译该段落向全班发表评论。对照组的第一次课恰好也做了这个翻译练习,当教师提问"你们如何翻译这个句子"时,没有学生进行回应;当教师改变问题为"你们如何翻译这个词"时,学生能够评论一些关键词。

　　(6)学生间互动的频率。学生间的互动次数取决于课堂活动的设计。在第一和第三次课堂观察中,完全翻转组的学生互动次数高于其他两组。因为完全翻转组的课堂活动为小组活动,而半翻转组和对照组偶有一些同桌讨论。然而在第四次课堂中,完全翻转组和半翻转组都没有观察到课堂讨论等活动,这就可以解释为什么这两组学生的互动显得较少。具体对比见表 2 - 12。

表 2 - 12　学生互动频率对照表

分组	第一次	第二次	第三次	第四次
完全翻转组(EG1)	37	15	31	1
半翻转组(EG2)	10	13	16	0
对照组(CG)	11	19	11	9

　　完全翻转组、半翻转组和对照组在课堂上的互动比较表明,完全翻转组的互动频率总体上高于半翻转组和对照组。完全翻转组的教师向学生提出了更多的问题,学生在大多数情况下也比其他两组的学生做出了更多的回答。在四次课堂观察中,完全翻转组的学生对全班评论的数量都高于半翻转组和对照组。至于半翻转组和对照组,他们在课堂互动方面没有太大的区别。

　　研究问题 5:在学术英语阅读课程中,参与完全翻转组、半翻转组和对照组的学生的学习经历是什么?

　　在做访谈之前,笔者对于访谈的结果期待又害怕。有所期待的是,也许学生在课程体验之中能收获知识、收获一些学习方法或者收获快乐;但如果学生觉得没学到知识或方法,只拿了学分,这样的想法又会让笔者担忧不已。也许每个采取新型教学法的老师们都有和笔者差不多的心情,仿佛凌晨4点就开始操持年夜饭的主妇,只希望家人吃得满足开心。倘若收获了差评,多少也会有点失落。

本研究采用了半结构化访谈的形式,以受访者的母语中文作为交流语言,以便学生们能够充分理解访问者的问题、解释自己的想法或提出论点。访谈会被录音,录音前会再次告知学生。录音随后被研究者转为文字,受访者的一切可识别信息都会被移除,替代他们的是一系列的编号假名。文字稿随后以开放编码的方式对学生的语言数据进行分类编码,这个过程反复持续几遍直到没有新的信息能够被添加到现有的主题和编码中。笔者还邀请了两位外部编码员,对所有的编码进行随机摘取,比对编码本,检验编码的正确性。为了梳理这一复杂的数据分析工作,研究人员做了反思笔记(reflexivity journal),定期在笔记中记录已完成的工作、后续工作以及对研究进展和研究方向的感受。

如前文所书,本研究的半结构式访谈从完全翻转组、半翻转组和对照组中各招募了6名受访者,共计18人。完全翻转组的6名学生分别被编码为:AE1、AE2、AE3、AE4、AE5和AE6,半翻转组的6名学生被编码为AG1、AG2、AG3、AG4、AG5和AG6,对照组的6人被编码为AC1、AC2、AC3、AC4、AC5和AC6。

18位受访者介绍了自己的基本情况:12人学习英语10年之久,4人学习英语长达12年,2人学习英语6年。学生的英语基础与所在地域、大学前接受教育的中小学密不可分。但都作为B级学生(分班考后英语能力为B级),个体之间的能力差异也没达到天差地别的程度。据受访者所说,他们花在学习英语上的时间从每周1小时到每周10小时不等。但大多数受访者,18人里的10人,每周在课后花2~4个小时学习学术英语阅读课程。

表2-13记录了学生的学习英语年限、每周学习时间和学习内容。概括来说,完全翻转组的受访学生平均学习英语10.67年,每周花3.92小时学习学术英语阅读课程;半翻转组的受访学生平均学习英语10.33年,每周平均学习时间达到4.50小时;而对照组的受访学生平均学习英语年限为9年,每周平均学习时间达到了4.83小时。受访学生每周的学习内容包括预习每周的文章、查生词、学习并记忆单词、完成课后练习、做一些补充阅读练习和复习等。而完全翻转组的学生在完成上述工作的基础上还需要完成学习管理系统

（LMS）上的内容，例如观看讲座视频、参与讨论并完成练习等。

表 2-13　受访者学习英语年限、每周学习时间和学习内容

受访者	学习英语年限/年	每周学习时间/小时	每周学习内容
AE1	10	1	查找、学习并练习使用新单词，预习阅读文章，LMS视频和练习，复习
AE2	10	2～3	查找、学习并练习使用新单词，预习阅读文章，背单词，LMS视频和练习
AE3	12	3～4	查找、学习并练习使用新单词，背单词，做课本练习，LMS视频和练习，浏览附加阅读文章，复习
AE4	12	5	查找、学习并练习使用新单词，背单词，LMS视频和练习
AE5	10	3～4	查找、学习并练习使用新单词，背单词，查找更多网络资源，LMS视频和练习
AE6	10	5	查找、学习并练习使用新单词，预习阅读文章，背单词，LMS视频和练习，浏览附加阅读文章，复习
AG1	10	2～3	查找、学习并练习使用新单词
AG2	10	≥10	查找、学习并练习使用新单词，浏览附加阅读文章，复习
AG3	12	3	预习阅读文章，背单词，做课本练习
AG4	10	7	查找、学习并练习使用新单词，预习阅读文章，背单词
AG5	10	3～4	查找、学习并练习使用新单词，预习阅读文章，背单词，复习
AG6	10	1	预习阅读文章，背单词
AC1	10	7	查找更多网络资源，完成作业，背单词
AC2	6	2～3	查找、学习并练习使用新单词，背单词，完成作业
AC3	12	≥10	查找、学习并练习使用新单词，背单词，浏览附加阅读文章，复习
AC4	10	3～4	预习阅读文章，背单词，浏览附加阅读文章

（续表）

受访者	学习英语年限/年	每周学习时间/小时	每周学习内容
AC5	6	3～4	背单词
AC6	10	2～3	背单词,预习阅读文章

从表 2-13 来看,没有一个半翻转组的学生提到学习管理系统。笔者从访谈中了解到,半翻转组的任课教师并没有通过学习管理系统布置课前学习任务。相应地,教师将课前学习任务和一些讨论问题布置在班级教学群中,将视频发送至群文件夹,让学生自主观看和学习。

令笔者比较惊讶的是,完全翻转组的学生并不比其他两组花费更多的时间来进行学习,甚至平均学习时间是三组之中最少的(EG1＝3.92 hrs,EG2＝4.50 hrs,CG＝4.83 hrs)。从过去的实证研究来看,翻转教学一大难点是:过多的课前准备工作让学生投入了大量的时间和精力,引发了学生对课程的反感和抵触情绪。虽然此次访谈并没有收集所有受试者的学习时间数据,但是每个班 6 人也能给我们提供一个视角,从而窥一斑看全豹。从完全翻转组的学习内容来看,基本每个受访学生都有比较丰富的学习内容。而在半翻转组和对照组中,部分受访者的学习内容比较简单,用时却也不少,例如 AC5 每周花费 3～4 小时但只背了单词。受此启发,笔者甚至产生这样的想法:翻转课堂并不一定意味着更长的学习时间,只要任务清晰、明确、合理,翻转的课前学习甚至能提高学生的学习效率。

比较三组的访谈数据,各组之间均存在一些相似之处和不同之处。

在课程内容方面,三组受访学生都认为课程的重难点是单词。三组学生均表示学术英语阅读课难度大,单词多又难,句子复杂,文章学术篇幅长。三组学生均表示在期中考后,学习变得更加努力。

然而学生间也有些有趣的差异。半翻转组和对照组的学生评价学术英语阅读课程为"注重写作和总结技巧的培养",而完全翻转组的学生认为本课程"强调阅读理解和词汇扩充",但同时又"颇为系统,实用性强"。

在互动沟通方面,三组学生都反映与教师存在沟通问题,因为教师只说英语并且语速很快。学生们建议老师可以说慢一些,多做解释。三组学生都提及,回答不出问题会产生焦虑情绪。但是如果有同伴讨论,能够在和同伴交换信息后再回答问题,能缓解焦虑的情绪。完全翻转组的受访者对于课堂上的问题持紧张但欢迎的态度,认为问题能保持他们的兴奋性。

　　学生体验了不同的课堂教学方式,因而对教学活动产生了较多的看法分歧。完全翻转组的学生对视频等多媒体教学材料给予了正面评价,而一名对照组受访者评价多媒体材料为"有趣但不实用"的教学方式。对于在课堂上做总结写作练习,完全翻转组的学生多数持负面看法,而半翻转组和对照组学生则很认可这个活动。学生对于课堂演讲的意见也不同,完全翻转组的学生喜欢课堂演讲,认为这既锻炼了能力,也能拓宽知识面,还十分有趣;但两名各来自半翻转组和对照组的学生将课堂演讲描述为"浪费时间"。

　　对于教学材料,半翻转组和对照组的学生希望老师能为他们提供自学材料和详细的学习指导;而完全翻转组的学生并未要求额外的材料,系统地学习引导和补充资源。

　　最后,学生对于学习策略的意见分歧不大,三组学生都认识到了大学阶段自主学习的重要性,专注于扩大英语词汇量并想方设法培养阅读的习惯。

三、讨论与启示

　　笔者非常喜欢看《国家宝藏》这档节目,看着文物陈列在我们面前,像一架连接时空的桥梁,将过去的文明展现在现代人眼前。我们惊叹于古代工匠天马行空的想象力,精湛的技巧和惊人的艺术呈现力。在分析研究数据时,作为研究者的一员,笔者感觉自己像个考古工作者,将结果一件件从数据中挖出,铺设在读者面前,一起探究这些数据背后的意义。

(一)研究结果和解释

　　本项研究采用了嵌入式混合研究设计,用以检验完全翻转模型的效果。完全翻转模型的理论基础由布鲁姆教育目标分类理论(修订版)、任务教学法和加涅九大教学事件组成。受试者人群为华东某综合研究型大学非英语专业的一年级新生,英语能力水平为 B 级,选修了《学术英语阅读》课程。

　　由于完全翻转模型强调了课前和课上两部分,因此,为了检验完全翻转模型的效果,本研究设定了两个实验组和一个对照组,分别对比完全翻转课堂的课前部分和课上部分。实验组一为完全翻转组,在完全翻转组内,学生在课前登录学习管理平台,根据课前学习指引观看教师录制的讲座视频,进行练习、完成测试或参与讨论;在课上,学生参与各类精心设计的教学任务。实验组二为半翻转组,在半翻转组内,学生在课前观看讲座视频并由教师组织课前学习;而课上则进行传统的教师讲学生听的模式。对照组没有进行特别的设计,没有强制的课前部分,教师可能在课前布置一些练习,学生可能完成也可能不完成练习;课上教师会对学习目标进行讲解,带领学生做一些探索性活动;而课后可能布置一些作业或练习。

作为混合研究设计,本研究的量化部分检验了研究者对于完全翻转模型的一些假设,假设之一:三组学生的学习成绩有显著差别;假设之二:三组学生对课程的满意度会有显著差别;假设之三:三组学生对高阶认知能力的发展会有显著差异;假设之四:学生的互动频率会有显著差异。本研究的质性部分探究了学生的学习经历,在前一章中我们用大篇幅介绍了学生在课程中的体验,而这些体验也补充了量化研究中无法体现的学习经历和意义说明。

1. 学习成果评估

纵观翻转课堂的研究,众多研究都指向了一个结果:精心设计的翻转教学模式有助于学生取得学业上的成功。在外语教学领域,翻转研究可能促进学生语法、词汇和文化知识的习得。正如翻转教学之父伯格曼所说:"翻转模式在各个领域都被证明是非常有效的。"同样,本研究也肯定了这一结果,完全翻转组学生的学习成绩大体上更好一些。

下面我们将学生的学习结果展示如下。为了有更清晰的视觉效果,笔者用 EG1 代表完全翻转组,EG2 代表半翻转组,CG 代表对照组。分析三组学生的期中、期末考试成绩后,研究者得出以下结果:

(1)总体而言,EG1 的期中和期末平均成绩高于 EG2 和 CG。

(2)EG1 期中和期末的词汇与阅读部分平均成绩高于 EG2 和 CG。

(3)EG1 期中和期末的写作部分平均成绩均低于 EG2 和 CG。

(4)EG1 的期中成绩明显高于 EG2(具有统计学意义)。

(5)更具体地说,EG1 的期中词汇部分成绩明显高于 EG2 和 CG(具有统计学意义)。

(6)在期末考试中,EG1 的阅读理解成绩明显高于 CG(具有统计学意义)。

这些研究结果对于我们的教学有什么意义呢? 在笔者看来,这些结果首先对以往的研究提供了实证支持,表明翻转模式的英语教学能有助于学生获得更好的成绩。

其次,将学生的量化结果和质性访谈结合,我们可以在脑海内描绘出更为清晰的画卷。完全翻转组在两次考试中都获得了更高的词汇分数,有些差距甚至具有统计学意义。从受访学生的个人经验来看,完全翻转组的学生和教师显然更关注单词的学习。例如完全翻转组安排了规律的课堂听写,每周在学习管理平台上有关于词汇的测验,学生建立了合作查词单词库等。而半翻转组和对照组的学生直到期中考试后几周开始进行课堂听写。我们可以从学生的描述中窥得,完全翻转组更系统地、自始至终地将词汇学习囊括在课程目标和教学计划中,这点也从学生的成绩上体现出了效果。

另外,学生的词汇部分的成绩和阅读部分的成绩呈现出了统计学上的正相关。笔者没有将这一部分写入结论,因为这一部分不说明翻转课堂的效果。我们可以想象,词汇量更大的学生的阅读理解能力可能会更强,这是一个语言学习的过程。然而,笔者在这里提到词汇与阅读的关系,也有一些教学方面的反思。完全翻转课堂提高了学生的词汇水平,学生的期末阅读理解能力比起对照组有显著优势。上述证据表明,通过词汇练习、测验、听写等教学评估手段,可能能够提高学生的学习自主性,从而提升学生的阅读理解能力。

另一方面,引起笔者注意的是,完全翻转组的写作平均分在期中、期末考试中均不及半翻转组和对照组。笔者觉得这一现象非常有趣,尝试从几个角度来解释它,与各位读者一起探讨。

笔者认为第一种可能是教师上课的重点不同。根据学生的访谈信息来看,完全翻转组的写作练习多放于课后的阅读日志中,而半翻转组和对照组在课堂上花费了大量时间进行写作活动。

另一种可能是学生对于写作练习的心态也不同。完全翻转组的学生对于课上进行归纳、总结等写作练习颇为反感,认为在课堂上做重复工作是浪费时间。然而半翻转组和对照组的学生很享受在课堂上进行归纳、总结等写作活动。

也正因为完全翻转组的学生在课后的阅读日志上进行写作训练,以课堂为主的任务教学法很有可能并没有强调对于学生写作水平的训练。另一方面,对任务教学法的各类实证研究也发现,任务教学法对学生的口语提高做出了显著贡献。根据埃利斯的研究,在任务前阶段为任务做一些准备、花一些时间,会帮助学生在任务中阶段产生更流畅、更复杂的语言输出。确有一些研究表明,任务教学法有可能通过让学生积极参与课堂活动来提高学生的写作成绩。但本研究的任务教学少有着重于写作的设计。

总的来说,本研究的发现增加了任务教学法有利于学生词汇量的扩展,进而提高学生的阅读能力。但是,完全翻转组欠缺在课堂上关注学生写作能力的高质量写作任务。因此,后续研究可以探究如何使用完全翻转模型或者任务教学法来设计写作类的课堂活动。

2. 学生对学习经历和认知发展的看法

笔者在随堂听课时发现,其实无论学生在完全翻转组、半翻转组还是对照组,他们对于课堂都是颇为享受的。笔者也曾考虑过影响学生课堂满意度的因素,从任务型教学法和传统教学的角度来看,两种课堂内的同伴交流、师生互动和课堂活动结构应该是有较大区别。从翻转课堂和传统课堂的对比来看,学生的课前准备和上课内容应该也是有差异的。以往的研究显示,虽然一些学生认为翻转课堂使他们更好地理解并掌握学习内容,但课外作业的技术要求烦琐,并不是所有人都愿意接受。

为了探究学生的学习满意度,本研究改编了阿扎赫拉尼的满意度量表。为探究学生对高阶认知发展的看法,本研究也翻译了阿尔鲍格的认知度量表。99 名受试者(34 人来自完全翻转组,34 人来自半翻转组,31 人来自对照组)对问卷进行了有效回答。结果表明,三组学生对整体学习满意度和认知发展的看法没有显著差异。然而,当研究者对 24 条陈述一一进行比对时,学生对三条陈述的看法有一些差异,这些差异具有统计学意义。

(1)EG2 比之于 CG 更认同学术英语阅读课程促进了他们的个性化学习。

(2)EG1 比之于 CG 更认同他们能够根据需要多次复习讲座内容。

(3)EG2 比之于 EG1 和 CG 更认同他们能与教师进行交流。

(4)EG1 比之于 CG 更有可能利用各种信息资源来探索课程中遇到的挑战。

让我们来看看这些结果究竟是什么意思。首先,对于半翻转组的学生来说,由于课前学习资料,例如讲座视频,由教师直接发至班级群中,他们确实比对照组学生获得了更多的学习资源。视频讲座和一些练习补充了教科书的内容,促进了更为个性化的思考。这些存在于半翻转组和对照组中的差异可能可以解释学生对个性化学习的不同看法,也从侧面反映了翻转的模式(哪怕是画皮不画骨的形式上的翻转),对于促进学生的个性化学习,可能都是有效的。

同样,因为对照组的学生没有任何课前学习材料,没有讲座视频,所以对比完全翻转组,他们会倾向于无法多次复习讲座内容。

　　然而,有趣的是,半翻转组的学生大多认为课程促进了教师与个人的交流。这种认同感甚至超过了完全翻转组,并且具有统计学意义。笔者尝试从课堂观察笔记中寻找学生做出这样选择的理由。笔记显示,在四次课堂观察中,半翻转组的教师对全班提问的数量其实是三组中最少的,学生对全班的评论也非常少。由于师生之间缺乏全班性的提问和回应,所以教师开始对单个学生进行提问,这可能是半翻转组学生认为他们与教师有更多师生交流的原因。另一种可能的解释是完全翻转组中师生互动并不平衡,有发言欲望的"学霸"们通常比"学渣"有更多的交流机会,而学生对错误的恐惧进一步限制了他们的课堂互动。因此,在以后的翻转课堂设计中,应该考虑如何让更多学生参与进课堂之中,激发大多数学生的表达欲望。

　　最后,石川等学者曾发现电子学习材料和可用的在线学习资源对学生的学习态度有积极的影响[109]。欧巴理和兰巴切发现学生对于通过移动设备学习英语材料的态度非常积极正面,效果也不错[66]。本研究的结果与石川、欧巴理和兰巴切的研究结果相符。完全翻转组的学生使用更多的资源来获取知识,接触更多在线工具和材料来参与活动。例如,学生们在课前观看讲座视频,使用翻译软件或在线词典查找学习生词,使用合作查词来建立共享单词库,通过搜索网络资源来准备课堂演讲和完成其他项目。这也表明翻转教学鼓励并促使学生使用不同信息来源来探索问题。

3. 课堂观察和半结构化访谈评估

　　在构建完全翻转模型之前,笔者作为一名紧跟潮流的一线教师,对于翻转课堂教学模式早有耳闻且一直跃跃欲试。工欲善其事,必先利其器。笔者本着"利其器"的目的,研读了大量翻转课堂的研究文献。阅读虽然增加了笔者对翻转课堂的了解,却让笔者开始心生疑惑:为什么翻转教学的课堂设计部分总是如此潦草?仿佛翻转的灵魂就是课前的学习,课上的讨论,课后的复习一样。是不是每一门课都可以在课上进行讨论呢?又应该讨论一些什么内容呢?讨论应该怎么组织呢?是一开始上课就讨论,还是先干点别的事?

　　带着这些疑问,笔者进行了大量的文献阅读。为了给这些疑问提出一个解决方案,笔者开始了完全翻转模型的研究。

　　完全翻转模型的课堂设计初衷就是增加课堂互动、努力达到布鲁姆高阶教育目标。不比高阶教育目标无法直观进行检测,课堂互动多少可以进行测量。

　　课堂观察表明,完全翻转组的总体课堂交流频率高于半翻转组和对照组。完全翻转组的教师向单个学生提出了更多的问题,相应地,完全翻转组的学生也更频繁地回答教师的问题。

　　然而,值得注意的是,更多的师生问答并不一定意味着更多的高阶思维。事实上,有一半的访谈受访者表示他们在课堂上会有沮丧挫败感。而无法回答教师问题当然属于造成学生情绪低落的一大原因。

　　那么问题就来了,有没有办法既提高师生交流频率又不让学生产生焦虑感呢?研究发现翻转课堂的课前学习使学生对于课程有了更充分的准备,使用在线交流工具也减小了学生即刻回复的压力,双管齐下,能够增强学生的学习自信并减少课堂焦虑。

　　另外,访谈信息也显示学生认为,在回答较有挑战的问题前,如果能进行一些同伴讨论,能让学生做更充足的准备,也可以减轻他们的压力。

　　也有研究表示,学生的学习动力能促使学生进行更多的课堂交流。访谈数据显示完全翻转组的学生对于多媒体课程材料,例如课堂视频等,和课堂演讲都持有正面的态度,并认为这些精心设计的课堂任务激发了他们的学习积极性。因此,学生对于回答错误的挫败感也许能得到削减。

　　完全翻转模型的另一个功能是通过提供练习和反馈来提升学生的自主学习能力。研究发现布置阶段性测验以评估学生的学习成果是个十分有效的教学策略,它让学生看到自己的阶段性进步,会让学生体会到课程确实帮助了他们,认识到学习也是有意义、有效果的。这与本研究的结果不谋而合,在完全翻转组中,学生在课前学习讲座视频,在学完讲座视频后,他们可以选择做测验题以获得一定的附加分,测验题检测了他们对于讲座的理解;同时,课堂上阶段性的听写也帮助学生检视对于单词的掌握程度。因此,完全翻转组的学生的词汇水平和阅读能力都是显著优于另两组的。同时,完全翻转组的学生在接受访谈中没有要求任何额外的阅读材料和强制性的练习;与之相反,半翻转组和对照组的受访者被问及"对于课程有什么建议"时,提到希望教师提供阶段性的测试和额外的阅读练习。以上结果表明,完全翻转模型有助于促进学生的自主学习和自我评估能力。

　　(二)启示意义

　　作为一个社会科学工作者,笔者觉得每一次的研究,都是我们对一些行为、现象抑或目的有了更深的理解。也许本次研究只是笔者的一个教学实验,但如同扔进大海的一个小石子,也能激起小小的水花;笔者希望自己的研究,也能为已存的庞大知识体系增添根椽片瓦。

1. 对教师的启示

虽然本研究的发现有其局限性和独特性,无法放之四海皆准。但本研究确实为广大英语教师和其他学科教师进行翻转课堂教育设计提供了参考。

洪秀婷教授的研究表明翻转课堂模式能提高学生的学习成绩,本研究验证了洪教授的研究,证实了翻转教学模式在扩充学生词汇量、提高学生阅读理解能力方面,做出了一些积极的影响[50]。

此外,也有研究发现学生为了完成英语项目,独立进行一些教育科技或可用工具探索时,会增加他们对英语学习的积极性和兴趣。从问卷数据来看,完全翻转组的学生比对照组的学生更能随心所欲地复习教师的课程讲座,且更有可能利用各种信息资源来探索课堂上提出的问题。可以看出,本实验的结果再次验证了前人的研究,通过使用教育科学技术,激发学生的信息工具使用能力,激发他们的学习积极性。

完全翻转组的受访者也表达了他们在课堂中的感受:与传统的教师讲、学生听的课堂形式相比,他们在完全翻转课堂中有更强烈的参与感,也在课程指引和任务分配上感受到了更为系统的安排。

而完全翻转的课程形式对于学生的课堂交流似乎也会产生影响,完全翻转组的学生有更高的总体交流频率,师生间有更多的问答,学生对全班做出的评价也明显高于其他两组。

最后,课堂观察和访谈数据为打算实施完全翻转模型的教师提供了一些启示。教师可以通过一些提问类的指示,例如"你们明白了吗?",来增加教师与全班的互动频率;利用诸如"我们可以继续了吗?"来检查学生的理解。如果学生对全班的评论很少,教师可以组织学生先进行一些同伴讨论再来向单个学生进行提问。此外,教师也可以考虑使用如下方式优化课堂设计:①在课程安排上加入学生课堂演讲、组织小组讨论或者运用游戏化的设计来丰富课堂任务和活动,使课堂更为生动有趣;②为学生提供更多的提问方式,例如学生可以通过发邮件、使用聊天软件或在课后对教师进行问询和答疑;③在课前、课中和课后都给予学生充足的学习引导;④布置阶段性作业或测验让学生回顾学到的内容,正视自己的进步或退步;⑤提供有助于自主学习的视频、阅读和练习题等补充材料供学生实践学到的知识。

2. 对课程设计者的启示

教育部 2015 年发布的大学英语课程大纲鼓励教师将以学生为中心的翻转教学策略用于英语课堂之中[24]。而本研究的结果显示完全翻转的英语课堂确实有助于促进学生的参与度,提高学生的学习成绩。

当课堂时间不再用于无休止的知识灌输,而用于对于知识的实践应用,学生就有机会在虚拟的课堂场景之中对实际问题进行具体的解决。这也是为什么埃利斯认为任务型教学法非常适合外语学习——当课堂外没有环境进行语言实践,那课堂内就必须给学生提供这样的语境[110]。毕竟我们不可能因为没有语境就不学外语了,我们能做的是尽可能地创造语境。完全翻转模型的课堂设计,就是最大限度地为学生创造了课堂语言环境。通过更好地利用课堂时间,进行更多地实操练习,通过在传统课堂上不常有的任务来展示学生对于知识的理解,完全翻转的教学模式有可能优化学生的学习并为他们提供更多的实践机会。

然而,翻转模式也并不是全无问题,首先,教育科技就是横亘在课程设计者面前的一大难题。其次,将教育科技融入课程设计并不是最难的部分,将教育科技变成让教师和学生都能上手操作并有创意地使用,才是课程设计的挑战。另外,科技元素的增加势必会带来对于科技的依赖,一旦出现技术故障,教师可能会很难继续课程。最后,教育科技也有一定的门槛,在经济比较发达、校园网络覆盖更好的地区,课程设计可以融入更多的科技元素;而对于连多媒体都不具备的地区,课程设计可以更偏向任务型教学的本质,即交流和实际操作。

3. 对研究者的启示

首先本研究以非英语专业学生的学术英语阅读课程为设计目标,采用完全翻转模型,对学生的课程学习进行了干预。学生的期中、期末考试成绩可细分为词汇、阅读和写作三部分,这些数据被研究者收集并分析。

从数据来源来说,本研究的试卷为大学英语教学部的自命题试卷,学生在试卷中取得高分并不说明学生实际英语能力达到了相应的高度。事实上,按照学生的说法,只要努力背单词,准备课本内容,考一个不错的分数也不是特别困难。因此,研究者可以考虑其他能力评估方式,例如使用雅思或托福等通用英语能力考试来评估学生的语言水平。

从实验时间来说,因为本研究只持续了一个学期,课程对学生的长期影响并不明确。短期内,我们确实发现完全翻转组的单词水平更高,阅读能力更强,但是学生的写作平均水平却不如半翻转组或对照组。可如果实验时间延伸为两学期或者两年,也许完全翻转组学生的写作水平也会得到提升,或者半翻转组和对照组的学生在词汇和阅读方面也能迎头赶上。短期影响可能和长期影响存在差异,所以如果有可能,长期实验也有实施的价值。

从课程内容来说,本研究以阅读课为基础,发展了学生的词汇、阅读和写作能力;此外,其他研究可以运用完全翻转模型来检验模型对于听力、口语等其他技能的影响。

最后,教学方法本身可能不是导致不同结果的决定性因素。本研究的访谈数据表明,不停地对英语进行积累、热忱的学习动力、来自教师和同伴的积极反馈,均有可能影响学生的学习和交流。因此,未来的研究可以考虑添加一个或多个变量,例如观察学生的学习态度或者学习动机。

(三)研究局限与对未来研究的展望

普适性可能是本研究的一个局限。这项研究实施于华东地区某综合型大学内,不论是教学条件还是学生技术水平可能都位于全国前列。也许学生代表了全国略微高级的学生水平,因而学生的学习主动性和积极性也比较高。从访谈中可以看出有一些学生的学习时间达到 10 个小时或以上,这不一定是全国学生的平均水平,可能会有代表性不足的问题。

此外,数据在一个学期内收集,我们只能看到短期影响却无法看到长期影响。例如,对于英语基础不强的学生,初接触学术英语,也许的确是从单词积累开始。而对于写作能力的提高,也许需要更长的实验时间。因此,更广泛的水平和更长的时间跨度内复制 这项研究,以确认本教学研究的积极效果和发现。

主观性可能也是该系列研究的一大限制因素。完全翻转模型的主要设计人员、研究人员和任课教师大多为笔者本人。虽然为了减少主观性的影响,调查数据是匿名收集的,半结构化访谈也在课程完全结束后才开始,尽量减轻了学生对于损害教师权威的影响因素。尽管这些措施在最大限度上提高了数据的可信度和可靠性,但如果由另一位未参与教学研究的研究员来收集访谈数据可能会有截然不同的发现。受访者面对自己的老师可能多少会有些嘴下留情,或者不愿意透露他们内心真实的看法,可能会给出一个被社会接受的回应。

最后,受访者集体抱怨学术英语阅读课程除了词汇学习还是词汇学习。该课程更侧重于扩大学生的词汇量,可能忽略了其他语言技能的培养。这种不平衡的课程重点可能会影响学生的学习策略和结果。一方面,参与者是大学一年级的新生,他们在自主学习上可能没有多少经验,如果换成大学高年级的学生,也许会有迥异的结果。另一方面,英语水平较高的学生可能花在学习单词上的时间较少,可能会对学习体验和高阶知识习得有不同的观点。因此,将完全翻转模型应用于包含不同语言技能的课程或不同英语能力水平的学习者进行进一步研究,可以为完全翻转模型的完善提供一些启示。

第三章

CHAPTER THREE

完全翻转模型拓展实例
研究与分析

第一节　以大学英语基础读写课程为基础的
完全翻转模型应用实例

一、研究背景

为了丰富研究环境,增加完全翻转模型的普适性,笔者在杭州某综合性大学内重新复制了 A 大学的完全翻转研究。笔者将此次开展教学实验的大学称为 B 大学。B 大学设有 20 多个院部,70 多个本科专业,全日制在校生逾 20 000 人。

B 大学并未在新生入学时安排英语能力考试并按照学生的英语能力进行英语课程安排。但 B 大学也有英语分类教学方案:英语专业学生的英语能力为 1 类;艺术、音乐、体育等专业学生的英语能力为 3 类;其余非英语专业本科生的英语能力为 2 类。1 类学生接受英语专业教育,2 类学生接受大学英语教育;3 类学生虽然也接受大学英语教育,但从教材和课程设置上与 2 类学生有所不同,难度和要求会更低一些。本研究所有受试者来自 2 类英语能力学生,也是学校内人数最多、基数最大的学生人群。

笔者对 B 大学感兴趣并在 B 大学实施翻转实验的另一个原因是:B 大学近期引入了一批教育科技资源,并打造了两类实验教室:一类是计算机语言实验室,另一类是外语虚拟仿真实验室。在计算机语言实验室内,学生各自拥有一台可联网的电脑,而教师的电脑中控系统可以控制学生电脑的屏幕并为学生投射资源或管理学生的学习行为。图 3-1 展示了计算机语言实验室的风貌。

而在外语虚拟仿真实验室内,若干学生围坐在一张圆桌前,教师的讲台前有黑板和多媒体屏幕,围绕教室一周都有若干块屏幕。这些屏幕能统一投屏教师的内容,也能各自进行投屏,学生亦能将自带设施中的内容投屏到任意一块屏幕上。图 3-2 展示了外语虚拟仿真实验室的风貌。

图 3 - 1　计算机语言实验室

图 3 - 2　外语虚拟仿真实验室

(一) 大学英语阅读课程

大学英语阅读课程为该校 2 类英语能力学生必修的核心课程之一。B 大学开设的大学英语阅读课程选用统一教材《新目标综合教程》，该课程每周安排一次面授,每次面授时长为 135 分钟。2 类英语能力学生有机会使用两种语言实验室。课程分为单双周,学生单周在计算机语言实验室或外语虚拟仿真实验室上课,双周在传统带多媒体和投影的教室上课。图 3-3 为传统多媒体教室图片。

图 3-3　传统多媒体教室

在一学期内,大学英语阅读课程开设了 30 余个选课班级,分别由大学英语部不同的教师进行授课。学生可以根据自己的时间安排和个人喜好挑选适合自己的班级。所有班级都使用统一的教材和教学大纲,拥有统一的教学目标,进行统一的期中、期末考试。教学大纲包含了详细的每周任务、练习和家庭作业。教师基本遵照教学大纲开展教学活动,但不同教师有自己独特的教学风格,也可能会增加一些额外的练习。

另外需要注意的是,B 大学与 A 大学的招生分数线有明显差异,A 大学的分数线更高,学生总体学习能力和英语能力也更好。因此,B 大学的大学英语课程教学目标涵盖了学生通过大学英语四、六级考试;而 A 大学的大学英语部并未将大学英语等级考试纳入课程设置考虑范围。既然 B 大学的教学目标包含了帮助学生通过大学英语等级考试的要求,教师在课程中难免会设置一些应试的内容,不论是在课上为学生进行习题讲解,还是在课后为学生推荐考试学习资源等。

（二）研究受试者

本研究招募的受试者为 B 大学的大一新生，他们来自不同专业，都在第一学期选修了大学英语阅读课程。研究者将一个大学英语阅读班级设为了完全翻转组，又将任意两个班级分别设为半翻转组和对照组。共有 132 名学生参与本次研究：完全翻转组 47 人，半翻转组 36 人，对照组 39 人。132 名学生都将参与课堂干预，完全翻转组的课堂干预设计由研究人员一起参与。半翻转组的课前活动由研究人员设计后发送至任课教师，课堂部分则交由教师自由发挥。研究人员对对照组不进行任何干预，只进行数据收集工作。

完全翻转组和对照组单周在外语虚拟仿真实验室上课，双周在传统多媒体教室上课；半翻转组单周在计算机语言实验室上课，双周在传统多媒体教室内上课。

二、研究工具和程序

本研究从多个来源收集受试者数据，以了解受试者对于学习体验的看法，数据包括：学生的期中期末考试成绩，考查学生对于学习体验看法和认知能力发展看法的两个量表，课堂观察记录的交流频率数据和半结构化访谈数据。

B 大学的完全翻转实验研究工具中，除了期中期末考试卷与 A 大学的完全翻转实验不同，所用问卷、课堂观察和半结构化访谈问题都是一样的。因而在 B 大学的实验中不再重复赘述。

B 大学研究中的期中期末考试题型和内容均由大学英语部的教师们研究决定，所有开课班级使用同样的试卷，在同一时间对学生进行检测。期中考试和期末考试题型相同，总分都为 100 分。期中考试在学期中进行，期末考试在学期末进行。图 3-4 展示了 B 大学内的研究步骤和研究内容。

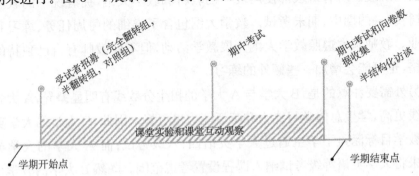

图 3-4　研究步骤和研究内容

三、数据分析和结果

研究者对学生的期中和期末成绩、满意度量表、认知度量表和课堂互动的数量统计进行了定量研究分析。对于半结构化访谈数据进行了定性研究分析。

(一)期中和期末考试成绩

学生在秋季学期的第十周接受了期中考试,第十八周进行了期末考试。期中期末考卷由年级统一命题,全年级选修大学英语基础读写的学生均用同一套考卷进行测试。期中考试题型同大学英语四级考试,由作文、听力、阅读和翻译四部分组成,考试时间为 130 分钟;而期末考卷移除了听力部分,由作文、阅读和翻译三部分组成,考试时间为 90 分钟。所有大学英语基础读写教师进行集体阅卷,发放统一答案和阅卷标准。个人不得批改授课班级的试卷,且一份试卷应由三名不同教师进行批改。期中考试和期末考试的总分均为 100 分,考试成绩记录在电子表格中,用于后续 SPSS 数据处理。学生的考试成绩用于回答研究问题 1:学生接受传统教学方式、半翻转教学方式和完全翻转教学方式后,期中和期末考试成绩是否存在显著差异?

表 3-1 描述了完全翻转组(EG1)、半翻转组(EG2)和对照组(CG)三组学生的期中、期末平均分和标准差。B 大学在学生成绩登记细分上没有 A 大学详细,只登记了总分。因此研究者难以获得学生在词汇、阅读以及写作等专项的得分。从期中和期末平均成绩来看,完全翻转课堂的学生比起另两组学生有着更高的期中考试平均分和期末考试平均分。另外,传统教学模式的学生期中考试平均分要高于半翻转课堂的学生,不过期末考试平均分低于半翻转课堂的学生。

表 3-1 学生期中和期末考试成绩的描述性统计

班级	人数	期中平均分	期中标准差	期末平均分	期末标准差
EG1	47	75.79	9.32	79.92	8.42
EG2	36	66.58	10.18	75.74	10.64
CG	39	73.06	9.97	73.74	9.56

方差分析结果显示,三组学生的期中考试成绩存在显著差异:$F(2, 119)$

$= 9.235$，$p < 0.001$，$\eta_p^2 = 0.134$。事后检验结果显示，完全翻转课堂学生的期中成绩（$M = 75.79$，$SD = 9.32$）显著好于半翻转课堂学生的期中成绩（$M = 66.58$，$SD = 10.18$），与此同时，传统课堂的学生期中成绩（$M = 73.06$，$SD = 9.97$）也显著好于半翻转课堂的学生（$p < 0.05$）。

学生的期末成绩运用了协方差分析，三组不同的教学方法作为被试间变量（即完全翻转课堂、半翻转课堂和传统课堂教学模式），学生的期中成绩作为协变量，消除其对学生期末成绩产生的影响。教学方法和期中成绩的交互作用不显著，$F(2, 116) = 0.846$，$p = 0.432$，满足了斜率同质性假设。协方差分析结果表明三组学生的期末成绩存在显著差异，$F(2, 118) = 4.679$，$p < 0.05$，$\eta_p^2 = .073$。成对比较显示，完全翻转课堂的学生期末考试成绩（$M = 79.92$，$SD = 8.42$）要显著好于传统教学模式的学生（（$M = 73.74$，$SD = 9.56$），并且半翻转课堂学生的期末考试成绩（$M = 75.74$，$SD = 10.64$）也要显著好于传统教学模式的学生（$p < 0.05$）。

数据分析结果显示，完全翻转模式下的学生期中成绩平均分和期末成绩平均分都要好于半翻转模式的学生和传统课堂的学生。方差分析结果显示，不同的教学模式对学生的期中成绩是有显著影响的，完全翻转模式下的学生和传统模式下的学生期中成绩均要显著好于半翻转模式下的学生。同样，期末考试成绩的协方差分析表明，不同的教学模式对学生的期末成绩也是有显著影响的。这次结果和期中成绩略有不同，完全翻转模式下的学生期末成绩显著好于传统教学模式下的学生，而半翻转教学模式的学生在期末考试中成绩显著好于传统教学模式下的学生。总的来说，在不同的教学模式下，学生的期中和期末考试成绩是存在显著差异的。

（二）问卷调查

调查问卷分两部分，量化了学生的学习体验：第一部分调查学生对于学习的满意度，而第二部分探究了学生对高级认知和应用能力的感受。两个问卷共有 24 个题目，来自两个不同研究：满意度量表改编自阿扎赫拉尼的翻转课堂研究中的问卷，共有 12 道陈述；而认知度量表截取自探究团体问卷，也含有 12 道陈述。问卷采取 5 分制李克特量表的形式（1 分表示极不同意，2 分表示不同意，3 分表示一般，4 分表示赞同，5 分表示极为赞同）。满意度量表取得了阿扎赫拉尼博士的使用许可，而探究团体问卷是共享资源，在知识共享许可下直接用于本次研究。由于两个量表和 A 大学实验用量表完全相同，此处不再进行赘述。

本问卷采用了混合取样的模式，即在最后一次课上，学生花大概 15 分钟时间阅读问卷同意书及填写纸质问卷，或者通过刷二维码的形式在问卷网上阅读同意书并填写问卷。本次问卷共有 113 名学生提交了回答，完全翻转组有 47 名，半翻转组有 33 名，对照组有 33 名。

满意度量表收集的数据用于回答以下研究问题：学生接受传统教学方式、半翻转教学方式和完全翻转教学方式后，对于课程满意度是否存在显著差异？经由方差分析后，研究员并没有发现三组学生在满意度方面有任何显著差别，$F(2, 110) = 0.053$，$p > 0.05$，$\eta_p^2 < 0.001$。逐步研究各个小项后，研究员也没发现学生在 12 个分项上有任何显著的满意度区别。

认知度量表数据用于回答以下问题：学生接受传统教学方式、半翻转教学方式和完全翻转教学方式后，对于高阶知识习得的看法是否存在显著差异？方差分析表明三组学生整体对认知发展的看法无显著差异。为了进一步检验学生对各小项是否有满意度差异，研究者对各项数据均进行了方差分析，未有任何具备统计学意义的发现。

（三）课堂观察

在第二至第十五周期间，研究者在三组内随机对 12 节课堂教学进行了录像和录音，每组进行四次录制。录制的课堂互动被用来进行互动分析，互动数据用于回答下述研究问题：学生接受传统教学方式、半翻转教学方式和完全翻转教学方式后，课堂互动频率是否存在差异？

1. 教师向全班提出问题的频率

在四次课堂交流统计数据中，完全翻转组的教师提问数量高于其他两组，除了在最后一次课中，对照组教师对于全班的提问数量最多。提问数量统计见表 3 - 2：

表 3 - 2　教师向全班提出问题频率对照表

分组	第一次	第二次	第三次	第四次
完全翻转组（EG1）	6	6	3	3
半翻转组（EG2）	4	4	2	2
对照组（CG）	3	3	2	4

从对照表中可以看出,虽然完全翻转组的提问数量高于其他两组,但从数量上来看并没有绝对的压制。而对照组虽然第四次有最高频率的教师对全班提问数量,但这也是唯一一次对照组数量高于完全翻转组和半翻转组。

从课堂观察看出,在第四次课堂观察时,翻转组教师尝试请学生单独回答问题。但不巧的是,一连邀请三位学生都没有人能给出正确答案。为了缓解学生的焦虑,教师将提问策略从邀请单个学生回答改成了面向全班发问。故而,对照组在第四次有最高的教师对全班提问频率。研究者也发现通过面向全班提问,学生会有更多的语言产出,有更积极的态度,而教师也能趁机检验学生的学习效果。

2. 教师向单个学生提问的频率

数据显示,在第一、第四次课中,完全翻转组的教师向单个学生提问的频率比另两组要多一些。至于在第二、第三次课中,对照组、半翻转组的教师提问频率恰好与完全翻转组相同。具体提问统计数据见表3-3:

表3-3　教师向单个学生提出问题频率对照表

分组	第一次	第二次	第三次	第四次
完全翻转组(EG1)	13	12	8	16
半翻转组(EG2)	10	1	8	6
对照组(CG)	8	12	0	9

总体而言,在完全翻转组中,教师与学生的互动更为生动。根据课堂观察笔记,完全翻转组以任务教学法作为课程设计策略,教师在课上以任务为单位,组织学生进行课堂活动。在以讲座为基础的半翻转组和对照组课堂上,教师在课上或举行讲座,或做练习校对答案。

3. 学生对教师问题的回答率

学生对教师问题的回答率与教师对单个学生提出问题的频率高度相关。在所有四节课中,完全翻转组的学生比其他两组的学生更频繁地回答教师的问题。表3-4对比了学生对教师问题的回答频率。

表 3－4　学生对教师问题的回答频率对照表

分组	第一次	第二次	第三次	第四次
完全翻转组（EG1）	12	17	12	19
半翻转组（EG2）	10	2	10	7
对照组（CG）	7	12	1	9

观察笔记显示，虽然三组都没有学生主动举手回答问题，但都会在教师提问后以喃喃自语或点评全班的形式说出自己的意见。教师向全班发问后，或教师向个别学生提问而学生无法回答时，学生向全班进行评论的评率就会变高。因此，教师的问题，无论是面向全班抑或面向单个学生，都会引发更多的学生回复。

4. 学生间互动的频率

表 3－5 对比了学生间的互动频率，在第二、第三和第四次课堂观察中，完全翻转组的学生互动次数高于其他两组。完全翻转组的课堂活动以小组讨论和同伴讨论为主要媒介，而半翻转组和对照组教师更鼓励学生进行独立思考或同桌讨论。

观察笔记显示，除了完全翻转组有更多的讨论活动之外，完全翻转组的教师对学生抛出了更多的问题。为了应对教师的问题，即使不在讨论时间，学生也会时不时交换意见以获取信息。

表 3－5　学生互动频率对照表

分组	第一次	第二次	第三次	第四次
完全翻转组（EG1）	24	84	16	18
半翻转组（EG2）	14	20	2	0
对照组（CG）	28	10	10	10

完全翻转组、半翻转组和对照组在课堂上的互动比较表明，完全翻转组的互动频率总体上高于半翻转组和对照组。完全翻转组的教师向学生提出了更多的问题，学生在大多数情况下也比其他两组的学生做出了更多的回答。在四次课堂观察中，完全翻转组的学生对全班评论的数量都高于半翻转组和对

照组。

然而半翻转组和对照组在课堂交流之间也存在差异。随机抽取的半翻转组和对照组都由同一位教师教授,课堂内容基本相同。但是在第一、第三、第四次课堂观察中,对照组的学生互动比半翻转组要多得多。为什么教师相同、课程内容相同,而学生的交流却能相差那么多呢?

究其原因,笔者认为也许和教室结构有关。虽然半翻转组和对照组单周都在语言实验室上课,然而半翻转组所在的计算机语言实验室一人面前一台电脑,这样的布局设置可能并不利于交流互动;而对照组学生所在的虚拟现实语言实验室,学生围桌而坐,面对一块屏幕,更容易进行交流。

总而言之,完全翻转组、半翻转组和对照组的课堂互动表明,完全翻转组的互动频率总体高于半翻转组和对照组。完全翻转组的教师向学生提出更多的问题,学生也对问题做出了更多回答,回答形式或喃喃自语或直接回应。此外,一些座位安排也许也能影响课堂互动频率。

(四)学生访谈

半结构化访谈依然被用于 B 大学的质性研究中,以受访者的母语中文作为交流语言,以便学生们能够充分理解访问者的问题、解释自己的想法或提出论点。访谈会被录音,录音前会再次告知学生。音频文件随后被研究者转录为文字,受访者的一切可识别信息都会被移除,替代他们的是一系列的编号假名。文字稿随后以开放编码的方式对学生的语言数据进行分类编码,这个过程反复持续几遍直到没有新的信息能够被添加到现有的主题和编码中。两位外部编码员被邀请参与编码审核,外部编码员对所有的编码进行随机摘取,比对编码本,检验编码的正确性。为了梳理这一复杂的数据分析工作,研究人员做了反思笔记,定期在笔记中记录已完成的工作、后续工作以及对研究进展和研究方向的感受。

和 A 大学一样,B 大学的半结构式访谈从完全翻转组、半翻转组和对照组中各招募了 6 名受访者,共计 18 人。完全翻转组的 6 名学生分别被编码为 BE1、BE2、BE3、BE4、BE5 和 BE6;半翻转组的 6 名学生被编码为 BG1、BG2、BG3、BG4、BG5 和 BG6;对照组 6 人被编码为 BC1、BC2、BC3、BC4、BC5 和 BC6。

18 位受访者介绍了自己的基本情况:13 人学习英语 10 年之久,2 人学习英语长达 12 年,3 人学习英语年限为 6 年。学生的英语基础与所在地域、身处的中小学密不可分。

　　表 3-6 记录了学生的英语学习年限、每周学习时间和学习内容。概括来说，完全翻转组的受访学生平均学习英语 9.67 年，每周花 2.58 小时学习学术英语阅读课程；半翻转组的受访学生平均学习英语 9.67 年，每周平均学习时间达到 2.42 小时；而对照组的受访学生平均学习英语年限为 9.33 年，每周平均学习时间达到了 1.33 小时。受访学生每周的学习内容包括预习课文、背单词、使用英语学习软件（App）学习英语、应对习题、准备大学英语四级考试、复习笔记等。而完全翻转组的学生在完成上述工作的基础上还需要完成学习管理系统（LMS）上的内容：例如观看讲座视频、参与讨论并完成练习等。

表 3-6　受访者的英语学习年限、每周学习时间和学习内容

受访者	英语学习年限	每周学习时间	每周学习内容
BE1	10 年	4～5 小时	App（每日英语听力），LMS 作业，背单词，预习课文
BE2	6 年	4～5 小时	LMS 作业
BE3	10 年	1～2 小时	LMS 作业，预习课文
BE4	10 年	1～2 小时	LMS 作业，背单词，预习课文
BE5	12 年	2 小时	LMS 作业，背单词，预习课文
BE6	10 年	1～2 小时	LMS 作业，背单词，预习课文
BG1	12 年	1 小时	预习课文
BG2	10 年	4～5 小时	准备四级，背单词，预习课文
BG3	10 年	3 小时	课后复习笔记，预习课文
BG4	6 年	4～5 小时	背单词，预习课文
BG5	10 年	1 小时	不太预习
BG6	10 年	0.5 小时	不预习，平时不复习
BC1	10 年	2 小时	应对习题，预习课文
BC2	10 年	0.5 小时	不预习，泛读，背单词
BC3	6 年	10 小时或以上	平时不复习，预习课文
BC4	10 年	1～2 小时	App（百词斩），预习课文
BC5	10 年	1～2 小时	准备四级，应对习题，预习课文

（续表）

受访者	英语学习年限	每周学习时间	每周学习内容
BC6	10 年	1 小时	预习课文

如果对课程部分做一个总结的话，学生普遍认为单词是课程的难点，对于单词的记忆和学习也有自己的方法。但是有学生提出单词不会用，学了就忘。同样，写作部分也有学生反馈，学过的词汇、句型不会应用，感觉写作并没有得到提升。另外，关于阅读部分也有学生提出，对于阅读的讲解少，讲解方式枯燥，建议增加一些限时阅读练习。这些意见为课堂设计带来了新的思路：学生对于太过简单的内容容易丧失兴趣，对于难的内容需要更多的帮助，也需要一些能够真正锻炼他们能力的练习来帮助他们应用学到的知识。

最后半翻转组和对照组的教师没有组建课后交流群，取而代之的是和每位学生进行一次 15 分钟的一对一交流。对于这一交流方式，半翻转组和对照组的学生也表达了自己的看法。有的学生认为一对一交流这个行为本身非常好，既能提出问题，又不怕"别人在场尴尬，以至于不敢提出问题"。而对于没有课后交流群组，学生的看法就产生了分歧。BC1 认为交流群还是要有的，不然产生了问题只能通过"问学习委员，学习委员再去问老师"这样比较间接的方式，既浪费时间又影响传达的准确性。而另一些学生认为如果建群只是为了布置作业，那建不建群意义不大。

很有意思的一点是，对照组的学生除了不喜欢课堂互动的 BC3，以及对一对一单独交流提出了些许意见之外，没有人提日常的互动。这点值得研究者进一步探究。

总的来看，读写课的互动比较轻松也比较多，让学生一方面更加投入课堂学习，另一方面也引发了他们对听说能力的重视。学生们有了提高听说的想法，有想要学习地道表达并将学到的知识应用到日常生活中的欲望。学生的这些变化与想法为教师和课程设计者提供了一些课程计划的思路，如何帮助学生提高听说能力，如何设计互动，如何应用，值得更多的思考。

同样的活动，有人接纳并喜爱，有人因为不理解而迷茫困惑，作为教师和课程设计者，如何将活动的意义解释清楚，活动步骤演示明了，尽量让学生享受活动，也是值得思考的一个问题。

还有一个有趣的地方在于，BE4 虽然表示非常喜欢小组活动，但也提到互动学习的效果没有独立学习的好。如何深化互动学习的效果,也是给课程设计者们的一个挑战。

此外,半翻转组和对照组的学生对于作业也有所质疑,不是质疑作业太多,而是质疑教师为什么不布置作业。BG1、BG6 和 BC6 都希望教师能够对学生要求高一些,不管是上课纪律,还是考试要求都严格一些。BG6 更是直言希望老师"不要放水"。除了要求高一些,BG1、BG6 和 BC6 还希望老师能够多布置一些作业。BG6 希望教师平时课后练习可以增加一些,而 BC6 认为这节课的练习主要集中在上课的时间,没有课后练习,从而失去了检验提高的机会。

另外,半翻转组和对照组的学生也提到希望教师能够提供一些预习引导。BG2 提到希望教师能够提前告知下节课大致要做什么,而 BC1 和 BC4 希望教师能够在下课前简单介绍下节课要进行什么活动,要上什么课,让学生能够准备一下。毫不意外,完全翻转组的学生没有这方面的需求,因为教师在学习平台上上传了学习视频,布置了学习作业,所以完全翻转组的学生在课下有很清晰的引导。同理,对照组的学生要求教师进行预习引导也不意外,因为教师与学生的连接并不紧密,没有用于沟通的课下群,也没有学习平台布置预习作业,有一些学生觉得迷茫也在情理之中。

最后,值得注意的是,完全翻转组有一位学生提到学到的知识不会应用:"讲的时候都听懂了,再听到会觉得陌生,或者用的时候还是不会。"学生如何学会知识的应用,可能也是教师需要考虑的问题之一。

四、讨论与启示

在 B 大学复制 A 大学的完全翻转研究后,研究者在一个不同的学生群体中重新检验了完全翻转模型对于学生的成绩、学习满意度、高阶知识习得看法、课堂交流和整体学习体验。

B 大学的成绩对比与 A 大学的结果一致,完全翻转课堂的学生取得了更好的学习成果。这一结果也验证了其他学者对于翻转课堂对学生学习表现提升的论调。

B 大学的三组受试学生对于课程的满意度和高阶知识习得的看法没有明显区别。笔者分析这一结果可能与课程目标和结构有关。B 大学学生的读写课面授每次时长 135 分钟,而学生有一个重要的诉求就是通过大学英语四、六级考试。因此,不论是完全翻转组、半翻转组还是传统组每次面授都会花大约

30~45 分钟进行四、六级考试辅导。辅导内容包括四、六级题型讲解,各分项训练和学生学习经验分享等。

比格斯(Biggs)在 1987 年的研究里就指出如果学生以通过考试为学习目的的话,他们会调整自己的学习策略以迎合考试。如果考试是低思考量、高记忆量的评估类型,则学生可能会专注于记忆开发的策略,而忽略实际应用的策略[111]。

在应对四、六级考试中,学生不断提出扩展单词量的重要性,许多学生也提到了背单词是他们课后学习的重要内容。这点与 A 大学的结果不谋而合,A 大学的学术英语课程虽然并不是为应试而设置,但学生由于自身英语水平有限,需要理解课文必须先要记住单词。另外,A 大学的期中、期末考试中单词占了一定的比例,如果学好单词这一部分分数就可以稳当拿下。因此,对绩点尤其敏感的 A 大学受试者也将注意力放在单词记忆上。

对于 B 大学的受试者,虽然有部分人在访谈中提出了他们在上了大学英语阅读课程后对英语也产生了一些兴趣,但本质目的还是通过大学英语四、六级考试,为将来踏上社会获取一个能够傍身的英语技能证书。所以笔者猜测或许应试的学习目的和学习方法是造成学生对于课程的满意度和高阶知识习得能力看法趋同的一个原因。

比格斯还提出如果考试需要高思考量、高实用性,则学生的期望也会发生变化,学习重点也会从低级任务转变为高级任务。学生会开始将学习重点放在整合、评估和应用所学知识的实践练习上。因此,笔者建议将来的研究可以聚焦于融合高阶考试任务为目标的课程。

从学生的课堂互动和学习体验来看,毫无疑问,以任务教学法为基础的完全翻转课堂有更多的课堂互动。这些课堂互动让学生一方面更加投入课堂学习,另一方面也引发了他们对听说能力的重视。完全翻转组的学生们想要提高听说能力,想要学习地道表达,想要将学到的知识应用到日常生活中。学生的这些变化与想法为教师和课程设计者提供了一些课程计划的思路。如何帮助学生提高听说能力,如何设计互动,如何应用,值得更多的思考。

然而,也有完全翻转组的学生反映互动学习的效果可能并不如独立学习的效果好,在独立学习时会有更多的思考。因此,如何深化互动学习的效果,也是给课程设计者们的一个挑战。最后,半翻转组和对照组的学生互动差异也比较大,笔者思考教室的座位设置对于学生的交流或许也会产生影响。

第二节　以大学英语视听说课程为基础的完全翻转模型应用实例

笔者在 B 大学的大学英语阅读课上复制了 A 大学的完全翻转研究后，提出今后的研究可以聚焦于考试要求更高、课程目标更侧重实践性的课程。因而，笔者在得知能够有机会在 B 大学的大学英语视听说课程上进行完全翻转实践时，内心特别欢喜。

B 大学在教学研究方面一直走在全国前列，在看到了翻转课堂的教学潜力后，对大学英语视听说课程实施了翻转：不仅笔者研究的班级应用了翻转教学法，所有 30 余个大学英语视听说班级都采用了翻转的教学方式。

一、研究目的

大学英语视听说课程的完全翻转实验旨在验证前两次实验讨论中的一些假设：(1)学生在学习目标实践性更强的课程中，对于学习满意度和高阶知识习得的看法是否和学习目标更为简单的课程一样？(2)学生在开放性不同的教室中取得的学习效果、互动频率和学习体验是否有差异？

(一) 课程检验的高阶性

前文提到，比格斯在研究中指出如果学生以通过考试为学习目的的话，他们会调整自己的学习策略以迎合考试。如果考试是低思考量、高记忆量的评估类型，则学生可能会专注于记忆开发的策略，而忽略实际应用的策略。如果考试需要高思考量，具备高实用性，则学生的期望也会发生变化，学习重点也会从低级任务转变为高级任务：将学习重点放在整合、评估和应用所学知识的实践练习上。

在 A 大学和 B 大学的英语阅读课的考试中，词汇部分都占据了重要的位置，因此都可以算是低思考量、高记忆量的评估类型。A 大学的学术英语课程虽然并不应试，但学生由于自身英语水平有限，需要理解课文并在考试中拿到高分必须记住单词。不论是完全翻转组、半翻转组还是对照组都在学习单词上有很多独到的学习策略和方法。这也印证了一点：学生在一学期的英语学习中，在基础单词方面花费了更大的时间和精力。而对于 B 大学的受试者，虽然有部分人在访谈中提出了他们在上了大学英语阅读课程后对英语也产生了一些兴趣，但本质目的还是通过大学英语四、六级考试，学习者的目标还是颇为应试。另外，有学生表示只要能考好四级，学校的考试卷也能轻松应对，因为题型和难度与大学英语四级不相上下。

于是笔者提出假设,如果课程的目标聚焦于学生的语言实践应用能力,而考试的检验方式也以高思考量、高实用性的题目为主,则学生会将学习重点放在应用所学知识的实践练习上。

因此,本次研究仍会采用完全翻转的教学模型对课程进行设计,对比 B 大学英语视听说课程中的学生和 A、B 大学英语阅读课学生对于课程的满意度和高阶知识习得的看法。

(二) 教学空间设计的影响

前文提到,B 大学教学实践中的半翻转组和对照组由同一个教师教授,但是教学成绩和互动数量都有显著区别。半翻转组单周在计算机语言实验室内上课,双周在传统多媒体教室内上课,而对照组单周在外语虚拟仿真实验室内上课,双周在传统多媒体教室内上课。因此,笔者提出假设:不同的教室设计对于学生的学习成绩、课堂互动频率和学习体验会有不同影响。

事实上,米勒(Miller)在《教室空间设计反思——积极与活跃的教学》中提出教室设计确实能影响学生的互动频率和积极性。我们时常看到许多国内外一流院校的教室设计得更像是研讨室,有更多的多媒体和教育科技设备。室内给人温馨舒适放松的感觉[112]。不仅是教室设计,很多企业也吸收了教室空间设计的理念,对空间进行了一些重构。例如谷歌(Google)和脸书(Facebook)的办公环境就采取了开放和舒适的设计理念,用以激发员工的工作热情和创造力。

为了验证笔者的假设,笔者挑选了两个班互相对比,两个班都采用完全翻转的课程设计,但分别在计算机语言实验室和外语虚拟仿真实验室内进行面授。笔者将对比两组学生的学习成绩、大学英语阅读课学生对于课程的满意度和高阶知识习得的看法、互动频率和学习体验,来比照教学空间设计对学生学习的影响。

二、研究背景

本次教学实践仍然在 B 大学展开,B 大学为杭州一所综合性研究型大学。学生仍然为 2 类英语能力水平,即非英语、非音体美专业本科生。

(一) 大学英语视听说课程

大学英语视听说是为非英语专业的一年级本科生设置的公共必修课。该课程教学旨在提高学生英语听说的交际能力,结合了听力、口语课程的一些基本功能,并充分利用慕课及翻转的形式对学生进行听力、口语等英语视听说技能的训练,提高学生的听力理解水平、口语表达能力和对语言运用的分析理解能力。课程同时致力于增强学生自主学习能力、开阔眼界、提高综合文化素养,使他们在今后的工作和社会交往中能用英语进行有效的口语交际。视听说课程使用《大学体验英语视听说教程》,课程学习网站为中国高校外语慕课平台(http://moocs.unipus.cn/)。

大学英语视听说课程采取线上和线下成绩综合打分的模式,线上部分由视频观看、作业测试、论坛讨论组成,线下部分由课堂表现、期末听力和口语独立考试的模式组成。听力考试采用传统听力考试的形式,口语考试为现场演讲。

大学英语视听说课程采用慕课平台、钉钉教学平台和课堂相结合的教学模式,通过课堂内外教师讲解、学生练习、师生互动、生生互动、教师个性化辅导、学生自主学习等多种方式开展英语教学,充分体现以教师为主导、以学生为主体的教学理念。该课程力求通过大量的听力、口语等英语视听说技能的训练,提高学生的听力理解水平、口语表达能力和对语言运用的分析理解能力。

课程历时 18 周,每两周进行一次面授,每次面授时间 90 分钟。笔者之前提到 B 大学有两类语言实验室,一类是计算机语言实验室,另一类是外语虚拟仿真实验室。学生在面授周在计算机语言实验室或外语虚拟仿真实验室内进行学习;在非面授周学习慕课内容或进行自主学习。所有大学英语视听说班级使用相同的课程大纲和教学材料,拥有相同的教学目标。

虽然帮助学生通过大学英语四、六级考试并未写入课程大纲,但是教师的集体备课材料中还是有大量四、六级的考试内容。这些内容通过课后自学的方式发给学生,也有可能在课上稍作分析。教师在维持课程进度、保证课程内容的前提下,能够自由增加一些教学活动。因此,不同任课教师或许有不同的使用四、六级考试材料的方式。

(二)研究受试者

本研究招募的受试者为 B 大学的大一新生,他们来自不同专业,都在第一学期选修了大学英语视听说课程。笔者选取两个大学英语视听说班级作为实验组,一组为独立组,在计算机语言实验室内进行面授;一组为圆桌组,在外语虚拟仿真实验室内进行面授。独立组和圆桌组都采用了完全翻转的课堂设计模型。独立组有 35 名受试者,所在的计算机语言实验室为一人面前一台电脑的座位设置,一排有三名学生,每排之间可以互相交流,但跨排交流会有一定困难。圆桌组有 40 名受试者,五或六人围坐一张圆桌,每张圆桌旁都配有一块智能屏幕,教师讲台前有智能操作系统、智能终端和更大块的显示屏幕。独立组和圆桌组的课程安排、任课教师、课下作业、学习材料、考试方式和内容都完全相同。

三、研究工具和程序

本研究从多个来源收集受试者数据,以了解受试者对于学习体验的看法,数据包括:学生的期中、期末考试成绩,学生对于学习体验和认知能力发展看法的两个量表,课堂观察记录的交流频率数据和半结构化访谈数据。

本次对于 B 大学英语视听说课程的完全翻转实验研究工具中,除了期中、期末考试卷与 A、B 大学的阅读课实验不同以外,所用问卷、课堂观察和半结构化访谈问题都是一样的。因而在问卷、课堂观察方式和访谈方式方面将不再赘述。

大学英语视听说课程完全翻转研究中的期中、期末考试题型和内容均由大学英语部的教师们研究决定,所有开课班级使用同样的试卷,并在同一时间对学生进行检测。期中考试为 10 道听力选择题,每题 1 分,考试时间为 20 分钟。期末考试为一张满分 100 分的听力试题卷,学生有 60 分钟进行听力并完成试题。期中考试在学期中进行,期末考试在学期末进行。

研究者将会对完全翻转班级完成的问卷表(满意度量表和认知存在量表)进行横向对比,即来自 A 大学的学术英语阅读课学生,B 大学的大学英语阅读课学生和大学英语视听说课的学生间的意见进行对比。具体数据收集和设计如图 3-5 所示:

数据将被用于回答下列研究问题:

研究问题 1:在大学英语视听说课程中,参与独立组和圆桌组的学生是否在期中考试和期末考试成绩中存在显著差异?

研究问题 2:在大学英语视听说课程中,参与独立组和圆桌组的学生对于自己的学习经历有何看法,两组之间是否存在显著差异?

研究问题 3:在大学英语视听说课程中,参与独立组和圆桌组的学生对于高阶知识的习得和应用有何看法,两组之间是否存在显著差异?

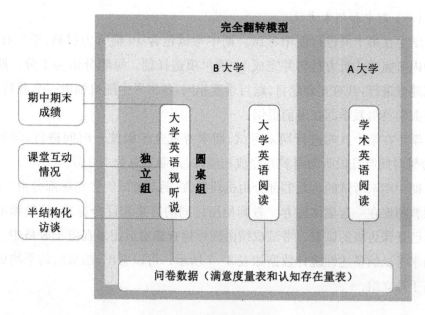

图 3-5　收集数据和设计

研究问题 4：在大学英语视听说课程中，参与独立组和圆桌组的学生的课堂互动有何不同？

研究问题 5：在大学英语视听说课程中，参与独立组和圆桌组的学生的学习经历是什么？

三次完全翻转教学将会被对比，数据将用于回答以下两个研究问题：

研究问题 6：在完全翻转的英语课堂中，参与学术英语阅读课程的学生、参与大学英语阅读课程的学生和参与大学英语视听说课程的学生对于自己的学习经历有何看法，三组之间是否存在显著差异？

研究问题 7：在完全翻转的英语课堂中，参与学术英语阅读课程的学生、参与大学英语阅读课程的学生和参与大学英语视听说课程的学生对于高阶知识的习得和应用有何看法，三组之间是否存在显著差异？

四、数据分析和结果

研究者对期中期末考试成绩、满意度量表和认知度量表的数据进行了定量分析，对半结构化访谈数据进行了质性分析。

（一）期中和期末考试

学生在第十周进行期中考试。期中考试包含 10 篇听力材料，学生在 20 分钟内听完这些听力材料并完成 10 道单项选择题。每题分值为 1 分。期中考试随堂进行，共有 8 套题目，题目难度相同，各班考生随机抽取一套题目，题目由大学英语教学部在考前提供。

学生在第十八周进行期末考试，期末考试全年级统一时间进行，学生有 60 分钟时间听几段听力材料并完成相应练习，期末总分 100 分。

期中期末考试的客观题部分由机器批改，期末考试的主观题部分由 38 位任课教师聚在一起集体阅卷。教师使用相同的答案和评分标准，且教师不批改自己任课班级的试卷。考试成绩由教师检查核对后记录在电子表格中。期中期末考试的描述性统计数据如表 3-7 所示。可以看出，圆桌组的平均成绩均高于独立组。

表 3-7　学生期中和期末考试成绩的描述性统计

班级	人数	期中平均分	期中标准差	期末平均分	期末标准差
独立组	35	4.00	1.75	64.91	16.96
圆桌组	40	6.60	1.80	75.25	12.41

研究者用独立 T 检验比对了独立组与圆桌组的期中和期末考试成绩，结果显示，圆桌组不管期中成绩还是期末成绩都要明显好于独立组（$p < 0.001$）。

然而，有没有可能圆桌组的学生总体英语水平强于独立组呢？研究者将两组学生的期中成绩作为协变量，对比了学生的期末考试成绩。结果显示，在控制期中成绩的前提下，学生的期末成绩并没有显著的不同。

结果显示，圆桌组的学生无论是期中还是期末考试都取得了较高的平均分。但由于圆桌组的学生也许本身英语能力就比较强，在控制期中成绩对比期末考试成绩后，并没有显示显著的学习成果差别。

（二）问卷调查

调查问卷分为满意度量表和认知度量表，共 24 条陈述，学生根据认可度进行 1～5 分打分。1 分表示极不同意，2 分表示不同意，3 分表示一般，4 分表示赞同,5 分表示极为赞同。

在最后一次课上,学生花大概 15 分钟时间阅读问卷同意书及填写纸质问卷。本次问卷共有 66 名学生提交了有效回答,独立组有 30 名,圆桌组有 36 名。

独立 T 检验对比了两组学生的平均满意度和高阶知识习得看法,又对比了学生对于各条陈述的看法,均未发现任何显著区别。

（三）课堂观察

在第二至第十五周之间,研究者对每一次课堂面授都进行了录像和录音。挑选了 8 个完整任务进行了互动观察。任务 1 为词汇挑战,是一个围绕娱乐词汇展开,但目的为讨论娱乐活动的任务。任务 2 为邀约对话训练,学生两两组队进行角色扮演。任务 3 为理想的职业,以脱口秀为开端,目的为讨论学生喜爱的职业。任务 4 为招聘对话,学生本应进行角色扮演,但课堂时间不足,最后的展示部分以录像形式在班级群内分享。任务 5 为猜谜游戏,教师为学生做了示范后由学生编写谜题并让同学猜谁是谜题中的"成功人士"。任务 6 为脸书的发展与问题。任务 7 为对于网络安全的讨论。任务 8 为电影片段学习,教师让学生通过学习电影片段得到语言输入并由此进行课堂活动。课堂互动频率如表 3-8 所示:

表 3-8　课堂互动频率表

任务分类	教师对全班提问	教师对单个学生	学生回答	学生主动回答*	学生错误回答*	学生对全班评论	同伴交流	师生交流	总数
任务 1:娱乐词汇挑战									
独立组	13	14	14	0	2	19	34	22	116
圆桌组	28	26	26	0	31	42	0		153
任务 2:邀请看电影									
独立组	10	6	8	4	0	10	34	2	70
圆桌组	10	2	4	4	0	11	36	2	65
任务 3:关于工作的脱口秀									
独立组	8	8	8	1	0	11	40	24	99

（续表）

任务分类	教师对全班提问	教师对单个学生	学生回答	学生主动回答*	学生错误回答*	学生对全班评论	同伴交流	师生交流	总数
圆桌组	8	3	5	2	0	14	30	26	86
任务 4：招聘对话									
独立组	6	4	3	0	1	10	10	0	33
圆桌组	5	7	7	0	1	10	12	0	41
任务 5：成功人士拼图									
独立组	8	7	11	4	0	9	28	8	71
圆桌组	12	8	10	2	0	12	18	12	72
任务 6：脸书的发展与问题									
独立组	4	11	11	0	0	4	10	0	40
圆桌组	2	8	8	0	0	3	0	0	21
任务 7：讨论——网络安全									
独立组	2	9	9	0	2	3	12	10	45
圆桌组	2	11	11	0	3	4	14	8	50
任务 8：看电影学英语									
独立组	6	3	3	0	0	7	16	10	45
圆桌组	8	1	1	0	0	17	10	0	37

注：学生主动回答次数和错误回答次数皆计入学生回答中。

1. 教师对全班提问的数量

就教师对全班提问的数量而言，大多数情况下，同一任务中两组没有明显差异。从观察笔记来看，教师对全班提问的数量取决于教师如何开展课堂活动，由于独立组和圆桌组都由同一教师授课，教学风格差别不大，因此差别不算很大。在第一次任务娱乐词汇挑战中，圆桌组的教师对全班提问的数量远高于独立组的原因在于教师在独立组采取了单独交流的方式；而在圆桌组则取消了师生交流环节，直接对全班进行提问。

然而，教师对全班提问的数量在不同的任务中有所不同。在词汇挑战任务（任务 1）、邀约任务（任务 2）、成功人士拼图（任务 5）中，教师对全班的提问数量基本超过了10次；但在脸书的新闻（任务6）、教科书练习讨论——网络安全（任务7）中，教师对全班提问的数量就不到10次。根据课堂观察笔记，每当学生无法回答具有挑战性的问题时，或者当教师想要引起学生注意，又或者当教师想要检查问题答案时，都会进行对全班的提问。

另外，学生对全班评论数量与教师对全班提问数量高度相关。因此，更多的教师提问会引发更多的学生评论并最终带来更多的课堂互动。

2. 教师对单个学生提问的数量

数据显示独立组任务2、3、6、8的教师对单个学生提问的数量大于圆桌组，而圆桌组在任务1、4、5、7中数量更多。

根据观察笔记显示，教师对单个学生提问的主要意图是检查学生对听力材料的理解。如果教师没有必须要检查的答案，则教师不会问太多问题。例如在任务8看电影学英语中，教师以组织学生活动为主，并没有太多需要检验的理解，所以无论是教师对全体提问还是教师对单个学生的提问数量都不多。

3. 学生对教师问题的回答

学生对教师问题的回答数量与教师对单个学生提问的数量高度正相关。但是有趣的是，学生主动回答的数量和学生回答错误的数量与教师对学生提问的数量并不相关。

观察笔记显示，学生主动做出回答通常有三个原因：一是教师对学生主动发言给出奖励，例如在任务2邀约中，主动做对话演示的学生将拿到附加分。于是许多学生在奖励机制的影响下，进行了积极的发言尝试。另一个让学生主动回答的原因是学生渴望尽快给出答案。在任务5成功人士拼图中，学生心中有一个成功人士，然后就心中的成功人士进行描述，让同学们猜这个人是谁。同学们在接近正确答案或特别有灵感时，会主动进行猜谜发言。还有一个原因是学生也许会为了帮助同学解围而主动发言。在任务3中，教师提问圆桌组一名学生，而该学生无法回答问题。在僵持的情况下，该学生的同桌举手给出了正确的答案。

4. 学生对全班评论的数量

学生对整个班级的评论数量与教师对整个班级提问的数量高度相关。观察记录表明，当教师强调发音规则时，或者当单词短语较为不熟悉时，学生更有可能对整个班级发表近似喃喃自语的评论，而不是举手回答问题。

5. 同伴互动数量

同伴间的互动数量取决于教师是否给同伴讨论时间。由于是同一位教师授课,因此教学风格差异不大。

有意思的是,笔者之前假设圆桌组因为教师设计更易于讨论,所以应该会有更多的同伴交流,但显示结果并未支持这一假设。诚然圆桌组在任务 1 里有更多的同伴交流,但在任务 3、5、6、8 中的同伴交流数量并不如独立组。

观察笔记显示,由于观察组的电脑设置,前后排的同学间确实不方便进行交流,但是同排学生间的交流并不存在问题。对于圆桌组来说,交流确实更加自由,交流方向也更为丰富,学生不仅与身边的同学交流,还与对面或身后的同学进行交流。

6. 学生和教师之间的互动数量

师生互动数量取决于教师是否在学生进行讨论时加入学生讨论。任务 1 的圆桌组没有任何师生交流,因为教师没有参与学生的讨论,而是让学生使用手持弹幕展示他们的答案,并就学生的答案进行评价。圆桌组在任务 8 也没有师生交流,因为圆桌组的学生非常迅速地就以评价全班的形式回答了讨论问题,因而教师基本没有花费太多时间进行小组讨论。从同伴交流数量也可以看出,任务 8 的圆桌组讨论时间确实不长。

从独立组和圆桌组的课堂交流数量对比来看,两种教室设计对于学生的交流并没有造成特别明显的差异,就算有差异也大多出于教师临时改变的教学安排,比如取消小组讨论或缩短讨论时间等。

但对照组和圆桌组确实存在交流方向上的差异,对照组的交流多为平面的,和同排的同学进行交流,而圆桌组的氛围更为轻快,交流方向多种多样。

另外,当教师问更多全班性问题或强调发音规则时,学生会产生更多的语言输出。如果教师使用一些奖励机制或者竞争机制,学生会更有可能举手回答问题。

如果教师在学生进行讨论时询问学生对于问题的看法和理解,学生会更愿意与教师交流他们的问题,而不是在教师询问问题时举手表达。因此,教师在学生进行团队合作时可以经常在教室内走动,留意学生任何可能的需求。

(四)学生访谈

半结构化访谈依然被用于独立组和圆桌组的学生课堂体验中,以受访者的母语中文作为交流语言,以便学生们能够充分理解访问者的问题、解释自己的想法或提出论点。访谈会被录音,录音前会再次告知学生。音频文件随后被研究者转录为文字,受访者的一切可识别信息都会被移除,替代他们的是一系列的编号。本次访谈从独立组和圆桌组各招募 6 名受访者,共计 12 人。独立组 6 名学生分别被编码为 CC1、CC2、CC3、CC4、CC5 和 CC6,圆桌组的 6 名学生被编码为 CD1、CD2、CD3、CD4、CD5 和 CD6。

12 名受访者分别介绍了自己的基本情况:6 人学习英语 10 年之久,2 人学习英语长达 12 年,1 人学习英语 11 年,3 人学习英语 6 年。

表 3-9 记录了学生的英语学习年限、每周学习时间和学习内容。概括来说,独立组受访学生平均学习英语 9 年,每周平均花 2.50 小时学习学术英语阅读课程;圆桌组的受访学生平均学习英语 9.83 年,每周平均学习时间达到 5.16 小时。受访学生每周的学习内容包括学习单词、学习慕课、完成课本听力、练习四级听力和完成钉钉作业等。

表 3-9　受访者学习英语年限、每周学习时间和学习内容

受访者	英语学习年限	每周学习时间	每周学习内容
CC1	10 年	5 小时	学习单词,课本听力
CC2	6 年	30 小时	课本听力
CC3	12 年	1 小时	补刷慕课
CC4	6 年	3~4 小时	学习慕课,课本听力,钉钉作业
CC5	10 年	3 小时	学习慕课,课本听力
CC6	10 年	2 小时	补刷慕课,课本听力
CD1	6 年	5 小时	四级听力,学习慕课,课本听力,钉钉作业
CD2	10 年	5 小时	学习慕课,课本听力
CD3	10 年	3 小时	平时不复习,预习课文,课本听力
CD4	12 年	3~4 小时	学习慕课,课本听力
CD5	11 年	6~7 小时	学习单词,学习慕课,课本听力
CD6	10 年	8 小时	学习单词,学习慕课,课本听力

半结构化访谈内容可以分为课程设置、学习重难点及对策、课堂交流、课堂活动和意见反馈五块内容。

从课程设置来看,学生对慕课内容的意见是比较大的。不管是独立组还

是圆桌组的学生都希望教师能够突出慕课主题,精简慕课内容,将慕课内容和上课内容进行结合。对于慕课练习,学生的接受度比较高,因为练习比较贴合学生的能力水平又符合他们的实际需求——四级考试训练。

对于座位设置,学生有截然不同的看法。独立组有五名受访者提出电脑实验室的电脑挡住了教师的视线,会让他们有想要开小差玩手机的欲望。而一名独立组受访者表示,虽然电脑可能对交流不太友好,但是一人一台电脑对于做听力练习或观看多媒体材料是非常方便的。而圆桌组的一名受访者认为一个开放的利于交流的空间让她更乐意参与课堂交流。

学生在听力上的难点主要在于听力材料语速太快,学生难以抓取关键信息。有学生反映做听力笔记和文本学习是非常好用的提高听力的方法,希望教师在课堂上能够多引导学生学习听力方法。

大量的课堂交流和输出机会有助于学生的口语信心建设,声音洪亮、字正腔圆、吐字清晰的表达也能帮助学生改善不敢说的问题。教师和课程设计者要思考如何营造说英语的气氛,鼓励学生多开口,帮助学生树立信心。

总的来说,学生通过听说课认识到了交流的重要性,有了听懂的需求和想说的欲望,学习目标也从应试性转到了交流性上。学生希望有阶段性的测试来看到自己的进步,也需要教师提供一些必要的信息帮助他们从高中思维转移到大学思维。

(五) 课程满意度和高阶知识习得评价对比

研究者对比了三个完全翻转设计中学生的课程满意度和高阶知识习得评价。数据来源于 A 大学的学术英语阅读课中的完全翻转组学生(以下简称AEG),B 大学的大学英语阅读课中的完全翻转组学生(以下简称 BEG)和大学英语视听说课中的独立组和圆桌组学生(以下简称 CEG)的问卷回答。

A 大学的学术英语阅读课中的完全翻转组学生答卷 34 份,B 大学的大学英语阅读课中的完全翻转组学生答卷 47 份,B 大学的大学英语视听说中的独立组和圆桌组学生答卷 66 份,共计 147 份学生问卷回答被用于对比。学生的满意度描述性统计对比如表 3 - 10 所示:

表 3 - 10　学生对课程满意度的描述性统计对比

陈述条目		人数	平均分	标准差	误差
陈述 1: 我能够按照自己的需求多次复习上课内容。	AEG	34	3.50	0.749	0.128
	BEG	47	3.04	0.908	0.132
	CEG	66	3.47	0.769	0.095
	Total	147	3.34	0.832	0.069
陈述 2: 我能够有丰富的学习体验。	AEG	34	3.88	0.729	0.125
	BEG	47	3.83	0.702	0.102
	CEG	66	4.11	0.659	0.081
	Total	147	3.97	0.697	0.057
陈述 3: 我能够在现实生活中将理论与实践联系起来。	AEG	34	3.24	0.699	0.120
	BEG	47	3.36	0.764	0.111
	CEG	66	3.83	0.815	0.100
	Total	147	3.54	0.813	0.067
陈述 4: 我能够管理我的学习活动。	AEG	34	3.62	0.853	0.146
	BEG	47	3.55	0.904	0.132
	CEG	66	3.76	0.786	0.097
	Total	147	3.66	0.840	0.069
陈述 7: 本课程有助于我的个性化学习。	AEG	34	3.59	0.892	0.153
	BEG	47	3.70	0.805	0.117
	CEG	66	4.26	0.730	0.090
	Total	147	3.93	0.845	0.070
陈述 8: 这堂课帮助有效地与同学合作。	AEG	34	3.91	0.866	0.148
	BEG	47	4.19	0.798	0.116
	CEG	66	4.12	0.755	0.093
	Total	147	4.10	0.797	0.066
陈述 9: 这堂课促使我与老师有了更多的交流。	AEG	34	3.76	0.855	0.147
	BEG	47	4.15	0.751	0.110
	CEG	66	4.14	0.762	0.094
	Total	147	4.05	0.792	0.065
陈述 10: 这堂课促使我与同学有了更多的交流。	AEG	34	3.76	0.890	0.153
	BEG	47	4.30	0.720	0.105
	CEG	66	4.11	0.747	0.092
	Total	147	4.09	0.793	0.065

（续表）

陈述条目		人数	平均分	标准差	误差
陈述 5: 这堂课帮助我使用各类学习资源。	AEG	34	3.82	0.758	0.130
	BEG	47	3.91	0.830	0.121
	CEG	66	4.14	0.721	0.089
	Total	147	3.99	0.772	0.064
陈述 6: 这堂课帮助我提高解决问题的能力。	AEG	34	3.76	0.699	0.120
	BEG	47	3.68	0.935	0.136
	CEG	66	4.09	0.696	0.086
	Total	147	3.88	0.798	0.066

陈述条目		人数	平均分	标准差	误差
陈述 11: 这堂课帮助我有效地参与学习活动。	AEG	34	3.97	0.717	0.123
	BEG	47	4.02	0.737	0.107
	CEG	66	4.24	0.658	0.081
	Total	147	4.11	0.704	0.058
陈述 12: 总的来说,我对本课程的学习经历感到满意。	AEG	34	4.26	0.790	0.136
	BEG	47	4.15	0.722	0.105
	CEG	66	4.47	0.588	0.072
	Total	147	4.32	0.692	0.057

方差分析了每个学生对于 12 条陈述的满意度平均分后显示,学生对课程的满意度有显著差异($p < 0.05$)。B 大学的大学英语视听说课的学生对课程平均满意度要明显高于 A 大学的学术英语阅读课的学生以及 B 大学大学英语阅读课的学生。但是 A、B 大学两门英语阅读课程的学生满意度对比并未显示任何具有统计学意义的差异。

研究者遂对比学生对各条陈述的看法,发现学生对于下列陈述都有显著的看法差异($p < 0.05$):陈述 1(我能够按照自己的需求多次复习上课内容),陈述 3(我能够在现实生活中将理论与实践联系起来),陈述 6(这堂课帮助我提高解决问题的能力),陈述 7(本课程有助于我的个性化学习),陈述 10(这堂课促使我与同学有了更多的交流),陈述 12(总的来说,我对本课程的学习经历感到满意)。

成对比较显示结果如下:

(1)CEG 的学生比 BEG 更认可他们能按照自己的需求多次复习课上的内容($p<0.05$)

(2)CEG 的学生比 AEG 以及 BEG 的学生更能够在现实生活中将理论与实践联系起来($p<0.05$)

(3)CEG 的学生比 BEG 的学生更认可课程帮助他们提高了解决问题的能力($p<0.05$)

(4)CEG 的学生比 AEG 和 BEG 的学生认为课程更有助于他们的个性化学习($p<0.001$)

(5)CEG 的学生比 BEG 的学生对于整个学习经历更为满意($p<0.05$)

(6)最后,BEG 的学生做了一次主角,BEG 的学生比 AEG 的学生认为课程促使他们与同学有了更多的交流($p<0.05$)

总的来说,大学英语视听说课程的学生对于课程的满意度更高,体现在自主复习课堂内容、将理论联系实践、提高解决问题的能力,以及提升个性化学习和总体满意度层面。而对比两门阅读课,学生在课程总体满意度上没有特别大的区别,但 B 大学的学生相对于 A 大学的学生而言,更倾向于认同该课程促进了学生间的交流和互动。

研究者对比了三次实验完全翻转学生的高阶知识习得评价后,将描述性统计对比陈列于表 3 - 11 中。

表 3 - 11　学生对高阶知识习得评价的描述性统计对比

陈述条目		人数	平均分	标准差	误差
陈述 1: 在课程学习过程中提出的问题增加了我对课程的兴趣。	AEG	34	3.74	0.666	0.114
	BEG	47	3.81	0.798	0.116
	CEG	66	4.09	0.739	0.091
	Total	147	3.92	0.754	0.062
陈述 2: 课堂活动激起了我的好奇心。	AEG	34	3.71	0.719	0.123
	BEG	47	3.74	0.765	0.112
	CEG	66	4.17	0.815	0.100
	Total	147	3.93	0.803	0.066
陈述 3: 我觉得很有动力去探索与课程内容相关的问题。	AEG	34	3.62	0.652	0.112
	BEG	47	3.38	0.898	0.131
	CEG	66	3.95	0.935	0.115
	Total	147	3.69	0.896	0.074
陈述 4: 我会去搜索各类信息来解决这个课程中出现的问题。	AEG	34	3.88	0.769	0.132
	BEG	47	3.64	0.942	0.137
	CEG	66	3.89	0.897	0.110
	Total	147	3.81	0.886	0.073

陈述条目		人数	平均分	标准差	误差
陈述 7: 结合新信息帮助我解决在课程活动中产生的问题。	AEG	34	3.85	0.657	0.113
	BEG	47	3.74	0.706	0.103
	CEG	66	4.08	0.686	0.084
	Total	147	3.92	0.697	0.058
陈述 8: 学习活动帮助我构建问题的解决方案。	AEG	34	3.71	0.906	0.155
	BEG	47	3.72	0.902	0.132
	CEG	66	3.91	0.799	0.098
	Total	147	3.80	0.857	0.071
陈述 9: 对课程内容和讨论的反思帮助我理解了本课程的基本概念。	AEG	34	3.74	0.751	0.129
	BEG	47	3.68	0.862	0.126
	CEG	66	3.94	0.857	0.106
	Total	147	3.81	0.839	0.069
陈述 10: 我能说出如何测验自己在本课程中学到的知识,也能说出怎么将这些知识应用到实践中去。	AEG	34	3.32	0.806	0.138
	BEG	47	3.34	0.915	0.134
	CEG	66	3.91	0.890	0.110
	Total	147	3.59	0.920	0.076

（续表）

陈述条目		人数	平均分	标准差	误差
陈述5：头脑风暴和查找相关信息帮助我解决课程内容相关的问题。	AEG	34	3.79	0.729	0.125
	BEG	47	3.45	0.746	0.109
	CEG	66	4.00	0.744	0.092
	Total	147	3.78	0.775	0.064
陈述6：讨论对于我了解各种观点很有帮助。	AEG	34	3.97	0.758	0.130
	BEG	47	3.85	0.859	0.125
	CEG	66	3.98	0.734	0.090
	Total	147	3.94	0.778	0.064
陈述11：我在课堂中解决问题的方法也能够用于实践当中。	AEG	34	3.44	0.786	0.135
	BEG	47	3.53	0.881	0.129
	CEG	66	3.89	0.767	0.094
	Total	147	3.67	0.829	0.068
陈述12：我可以将在本课程中学到的知识应用于我的工作或课外的活动中去。	AEG	34	3.71	0.836	0.143
	BEG	47	3.72	0.926	0.135
	CEG	66	3.95	0.831	0.102
	Total	147	3.82	0.866	0.071

方差分析了每个学生的平均认知评价后发现,学生对高阶知识习得看法有显著差异($p < 0.05$)。B 大学的大学英语视听说课的学生对高阶知识习得的评价要明显高于 B 大学的大学英语阅读课的学生($p < 0.05$)。虽然 B 大学的视听说课程的学生的认知评价比 A 大学的学术英语阅读课的学生并没有高达统计学上有意义的水平,但是十分接近统计学意义了($p = 0.062$)。

对比学生对各条陈述的看法后发现,学生对于下列陈述都有显著的看法差异($p < 0.05$):陈述 2(课堂活动激起了我的好奇心),陈述 3(我觉得很有动力去探索与课程内容相关的问题),陈述 5(头脑风暴和查找相关信息帮助我解决课程内容相关的问题),陈述 7(结合新信息帮助我解决在课程活动中产生的问题),陈述 10(我能说出如何测验自己在本课程中学到的知识,也能说出怎么将这些知识应用到实践中去),陈述 11(我在课堂中解决问题的方法也能够用于实践当中)。

成对比较显示的结果如下:

(1)CEG 的学生比 AEG 和 BEG 的学生认为课堂活动更能激发他们的好奇心($p < 0.05$)

(2)CEG 的学生比 BEG 的学生更有动力去探索与课程内容相关的问题($p < 0.05$)

(3)CEG 的学生比 BEG 的学生更认可头脑风暴和查找相关信息能帮助他们解决课程内容相关的问题($p < 0.001$)

(4)CEG 的学生比 BEG 的学生更认可结合新信息能帮助解决在课程活动中产生的问题($p < 0.05$)

(5)CEG 的学生比 AEG 和 BEG 的学生更能说出如何测验自己在本课程中学到的知识,也能说出怎么将这些知识应用到实践中去($p < 0.05$)

(6)CEG 的学生比 AEG 的学生更能将课堂中解决问题的方法应用到实践当中($p < 0.05$),其实 CEG 的学生对比 BEG 的学生也有对方法应用上更高的认知评价,且两组差距十分接近统计学上有意义的标准($p = 0.05$)

总结上述结果可知,B 大学的大学英语视听说课程的学生更肯定了完全翻转课程对于他们的平均认知发展的积极效果。详细来说,B 大学视听说课程的学生比其他两组更认可课堂活动对他们好奇心的激发,也更能说出自己学到了什么,怎么将这些知识应用于实践。同样是 B 大学的学生,视听说课程的学生比起阅读课的学生更有动力去探索与课程内容相关的问题,更认可头脑风暴和查找相关信息能帮助他们解决课程内容相关的问题,也更认可结合新信息能帮助解决在课程活动中产生的问题。

五、讨论与启示

在 B 大学的大学英语视听说课程做的完全翻转实践补充了研究者在 A、B 两个大学做翻转阅读课时留下的疑惑。

疑惑 1:教室设计是否影响学生的学习成绩?

对比独立组和圆桌组的成绩显示,圆桌组的学生期中听力测试成绩明显好于独立组,但也不排除圆桌组的学生本身英语能力就略高于独立组。在控制期中考试成绩作为协变量分析期末考试成绩后,结果显示两组学生的期末成绩没有显著区别。因此,教师设计能够影响学生的学习成绩这个假说不成立。

疑惑 2:教室设计是否影响学生的课堂满意度?

对比独立组和圆桌组的平均课程满意度和满意度量表内的各项陈述的认可度,并没有发现任何显著区别。因此,在本次研究中,教室设计影响学生的课堂满意度这个假设也不成立。

疑惑 3:教室设计是否影响学生对高阶知识习得的看法?

同样,研究者对比了学生的平均认知发展评价和对于各项陈述的评价,并未发现任何显著区别,教室设计影响学生对高阶知识习得这一假设也不成立。

疑惑 4:学生在不同的教室中是否存在交流方式的不同?

课堂观察的定量数据显示,学生交流的频率与教师的上课方式、课堂活动安排和提问频率更为相关,和学生所处的教室环境并不高度相关。笔者思索可能大学生从维护课堂纪律的角度出发,在教师允许的讨论时间以外甚少会交头接耳,因此哪怕教室设置再适合交流,学生也不会因此而增加更多的交流。

但是学生的交流方向的确会因为教室的设计而有所不同。在一人面前竖一台电脑的计算机语言实验室,学生更倾向于和同排同伴进行交流;而在围桌而坐的圆桌组,同学会和圆桌上的任意同学进行交流,甚至会和背后其他桌的同学进行交流。

疑惑 5:学生在不同的教室中是否会有不同的学习体验?

半结构化访谈显示,不论是独立组还是圆桌组的学生对于课程的大多数体验都是相通的,唯一对于教室设计的体验则是各执一词。

独立组的大多数受访者认为面前竖着电脑的教室设计阻挡了教师和学生的眼神交流,学生藏在"壳子"里,会更容易开小差,玩手机,不认真进行听讲。而独立组也有学生认为,虽然电脑会让一些交流变得不那么方便,但是电脑能给学生更好的观影和听力体验,这也是普通课堂无法提供给学生的。

圆桌组的学生对于圆桌的设置感觉非常新颖,认为这样开放式的结构更有利于沟通。但是因为虚拟现实实验室中的很多设备对于教师来说可能并没有那么熟悉,所以当教师遇到技术问题时可能就会浪费很多的课堂时间。

疑惑 6:A 大学的学术英语阅读课程中的完全翻转组、B 大学的大学英语阅读课程中的完全翻转组和 B 大学的大学英语视听说课程的完全翻转受试者,在课程满意度方面是否存在差异?

总的来说,大学英语视听说课程的学生对于课程的满意度更高,体现在自主复习课堂内容、将理论联系实践、提高解决问题能力、提升个性化学习和总体满意度层面。这一结果与国内对于翻转课堂的研究不谋而合。国内的英语课程翻转研究多聚焦于视听说等课型模式,且得出了结论,认为翻转模式对于提升学生的听说能力有正面促进作用。然而很少有人做如下对比——是否翻转研究更适合视听说等课型模式,而不太适合读写译等课型模式。

本研究也不能说明翻转教学更适合哪一种课型模式,但补充了一些实证研究证据,即对于用同一个完全翻转模型进行课程设计后,学生的满意度对比情况。结果显示,视听说课型模式的学生会比读写译课型模式的学生有更高的课程满意度。

而对比 A、B 两所大学开设的阅读课,学生在课程总体满意度上没有特别大的区别,但 B 大学的学生比 A 大学的学生更倾向于认同课程促进了学生间的交流和互动。笔者思考也许 B 大学的学生单周在虚拟现实语言实验室上课,学生活动更容易开展,并且课本内容也没有 A 大学的那么学术,所以学生间的交流会更活跃一些。此外,B 大学的大学英语阅读课程中,同一个教师执教的半翻转组和对照组,也是坐圆桌的学生互动更多一些。

疑惑 7:A 大学的学术英语阅读课程中的完全翻转组、B 大学的大学英语阅读课程中的完全翻转组和 B 大学的大学英语视听说课程的完全翻转受试者,在高阶知识习得的评价方面是否存在差异?

笔者之前提到比格斯的研究指出,如果学生以通过考试为学习目的的话,他们会调整自己的学习策略以迎合考试。如果考试是低思考量、高记忆量的评估类型,则学生可能会专注于记忆开发的策略,而忽略实际应用的策略。如果考试需要高思考量、高实用性,则学生的期望也会发生变化,学习重点也会从低级任务转变为高级任务。学生会将学习重点放在整合、评估和应用所学知识的实践练习上[112]。

研究结果显示,B大学的大学英语视听说课程的学生更肯定了完全翻转课程对于他们的平均认知发展的作用。这一结果验证了比格斯的想法,即对于更侧重实践能力培养的非应试课程,学生的认知会转移到侧重实践的方向。

B大学视听说课程的学生比其他两组更认可课堂活动对他们好奇心的激发,也更能说出自己学到了什么,怎么将这些知识应用于实践。完全翻转的设计将每个单元的课程拆分为一个个实用性很强的任务,例如学生需要将学到的知识用于编写一个对话,邀请同伴一起看电影。而相比听说,阅读更容易将一个长难句拆分为语法和单词。语法与单词的实用性和实践性确实不如电影邀约。

总的来说,虽然学生参与视听说课也希望学到一些应对大学英语四、六级的听力考试技巧,但因为视听说课程本身高度实用和实践性强的特点,学生的注意力会更放到语言输入(听力练习)和语言输出(口语实践)上。

比起两门阅读课,B大学的阅读课学生一门心思只想学习通过四、六级笔试的技巧。在学生的学习日常中,可以看到学生把背四、六级单词,练习四、六级试卷都算进了阅读课的学习内容中。应试性也许限制了学生的认知开发过程。同样是B大学的学生,视听说课程的学生比阅读课的学生更有动力去探索与课程内容相关的问题,也更乐意做头脑风暴或查找新的信息来解决课程问题。

A大学的学术英语课程虽然并不应试,但学生由于自身英语水平有限,需要理解课文必须先要记住单词,想要取得高绩点也必须背好单词。因此,A大学的完全翻转课堂学生也将注意力放在单词记忆上。这样的重点偏移可能也导致学习者忽略了高阶知识的习得。

第四章
CHAPTER FOUR

总结与展望

完全翻转模型是一种基于修订版的布鲁姆教育目标分类理论,以任务教学法和加涅九大教学事件为理论基础建构的课程设计模型。完全翻转模型将课前的学习与课堂中的课程整合为一个互补的单元,其理想化的模式是:当任务教学法中精心设计的任务满足埃利斯和新谷的四项标准,并按照加涅九大教学事件作为课程实施步骤,则这样的课程很有可能达到高层次的教育目标。

为了验证完全翻转模型在真实的大学英语课堂中的效果,研究者们在上海一所综合型重点大学 A 大学和浙江省杭州市一所综合型大学 B 大学总共开展了三次课堂实验。实验课程分别为学术英语阅读、大学英语阅读和大学英语视听说。

三次研究都采用了相同的设计方式——嵌入式混合设计法。研究者通过课堂实验检验完全翻转模型的有效性,定量测试收集的数据将主要用于有效性的检验。同时,定性方法被嵌入主要的实验方法中,以增强对于课堂干预或者定量数据的理解。

在 A 大学的学术英语阅读课程实践中,受试学生被分为完全翻转组、半翻转组和对照组三组。在完全翻转组中,课程设计完全遵照完全翻转模型,学生在家完成课前作业,在上课时间完成课堂任务,教学活动遵循加涅九大教学事件,任务设计基于埃利斯和新谷的四大准则。在半翻转组中,学生在课前进行与完全翻转组同样的课前学习,但是课堂部分则接受传统的以教师讲座为主的课堂教学模式。在对照组中,学生接受传统教学模式。

B 大学的大学英语阅读课程实践也将受试学生分为完全翻转组、半翻转组和对照组三组。三组的分组思路和实验设计与 A 大学的学术英语阅读课程差异不大。B 大学的大学英语视听说课程实践采用了完全翻转设计模式,受试学生被分为独立组和圆桌组两组。独立组的学生在计算机语言实验室内进行面授,而圆桌组的学生在外语虚拟仿真实验室内进行面授。

三次研究皆为了检验完全翻转模型对于学生学习的效果。探究的因变量分别为学生的学术表现,学生对学习经历的看法,学生对高阶知识的获取和应用,学生的互动情况和学生的学习经历。采用的研究工具为学生的期中、期末考试,调查问卷(含满意度问卷和认知发展问卷),课堂观察和半结构化访谈。

A 大学的学术英语阅读课程实践和 B 大学的大学英语阅读课程实践均证实了完全翻转模型有助于提高学生的学术表现,两个实验中的完全翻转组都获得了显著高于其他两组的成绩。此外,在完全翻转的课堂设计中,学习者们会有更多的课堂交流。

然而,在 A 大学和 B 大学的两次研究中,研究者也产生了一些疑惑:如果学习者学习其他实践性更强的学科门类,则学生对于课程的满意度和认知发展评价是否会有变化? 不同的教室设计是否会对学习者的学习产生影响?

为了解开上述疑惑,研究者在 B 大学又进行了一学期的大学英语视听说课程的完全翻转设计。在这次实践中,两个实验组都采用了完全翻转的教学设计,但是两组在教室设计上却有所不同,独立组的学生在计算机语言实验室内进行面授,而圆桌组的学生在外语虚拟仿真实验室内进行面授。

研究表明,教室设计对于学生的学习成绩、学生的满意度和学生的高阶知识习得评价没有显著影响。学生的交流会因为利于交流的教室设计而变得更丰富,但是交流频率还是取决于教师的活动设计和课堂安排。

然而,同样的完全翻转设计理论应用在不同课程门类上,确实会造成学生完全不同的课程满意度和差别迥异的认知发展评价。在实践性更强的大学英语视听说课程里,学习者会对完全翻转的课堂给出更高的满意度评分,认为课程提供了更多的交流机会,学生更能够将学到的理论应用于实践。

总体而言,这三次研究的结果提供了一些实证研究的证明,表明采用任务教学法和加涅九大教学事件的课程设计的确会带来一些积极的学习成果、更多的课堂互动、学生对多媒体材料和课堂展示等更积极的态度。

虽然在横向比较中,没有证据能证明完全翻转模型对学生的高阶知识获取和应用的评估有任何显著的差异,但是作为参与本研究设计和教学的一分子,笔者看到了学生们在完成教学任务中的积极态度和热情,也看到了他们在整个学期中取得的进步。学生在课堂上用英语交谈变得更自如,能做出更复杂的课堂展示。有一些学生在学期初甚至当众说话声音都会颤抖,但在一学期的完全翻转实践中变得越来越大胆自信。根据笔者的观察,完全翻转模型有可能满足学生更高层次的学习需求。为了研究该模型的全部潜力,本领域需要更多的研究来提供更多的实证结果。

后续研究也可以探究是否有其他可以衡量和记录学生高阶知识习得的应用工具。例如,检视并分析学生在课堂上做的讨论和话语,可能也会得到意外的惊喜。

总之,本书中关于完全翻转模型的三次研究着眼于实施完全翻转模型的课程设计对学生英语学习的影响,对于我国大学生的英语学习具有启示作用。学生可能会取得更好的成绩,会更享受课堂,也可能会有更深层的认知开发。

APPENDIX

附　　录

访谈札记一——A大学的学术英语阅读课程

研究者在分析学术英语阅读课程的半结构化访谈内容后,得出了四个主题:
(1)课程内容,(2)互动,(3)教学活动和材料和(4)学习策略。

一、课程内容

受访者从词汇、教材和考试等方面分享了对学术英语阅读课程核心内容的感受。

1. 词汇

从表2-13不难看出,每个学生都花了大量时间进行单词学习。而学生们对这门课程最大且最为一致的反馈就是:生词非常多!

学生们一致表示,生词使这门课程充满了挑战性,他们不得不花费大量时间查单词的词义。AE2评论道:"每次学习一篇新文章,我几乎都在查生词。一篇1000词的文章能有30到50个词是不认识的。"

"悲惨的不仅是单词又多又难,是单词又多又难还特别重要!"几乎所有学生都认为单词是这门课程的学习、检测甚至考试的核心内容。他们认为一旦掌握了词汇,就能拿到一个过得去的成绩,也能更容易理解文章和语法。反之,如果没有掌握词汇,就一定意味着考试成绩惨不忍睹。

从学生的角度看来,学术英语阅读的课程目标非常强调单词量的扩充。有些学生甚至吐槽:"我觉得这门课改名叫学术英语词汇算了。"完全翻转组有两人,半翻转组两人及对照组一人,共五名学生表示,背单词需要花费大量的时间和精力,不得不反复学习和复习。一名半翻转组的学生评论道:"我可能每周需要学习10个小时,阅读课文、查生词、记住单词的意思,既费时又费力,压力还特别大。"

学生学习单词的方式也许也存在问题。AC1说:"我发现有时候哪怕我学会了一个词,但是当老师说到这个词的时候,我还是认不出它来。可能老师的发音和我的不一样,我背单词的时候都不太注意词的发音。"

为了帮助学生扩大词汇量并检查学生的自学情况,三组教师都会定期进行听写,听写内容为课本阅读和词汇扩充练习中的生词和词组。完全翻转组的听写每两周进行一次,以检测学生学习的效果;而半翻转组和对照组的教师在期中考试前没有进行听写,在期中考试后因为学生的词汇部分成绩不理想,就把单词听写加入了课程计划。

　　三组学生对于听写的意见并不统一,三组都有学生表示不喜欢听写,因为不想被逼着背单词。AC4 说:"我觉得听写给我的感觉非常糟糕,可能这也导致我不努力学习这门课。"而另一方面,两名对照组的学生认为听写对他们的学习起到了积极的作用。如 AC5 所说:"听写逼着我学习,这种阶段性的压力迫使我每周都进行学习,比期末临时抱佛脚一口气学习所有单词效果更好。"

　　除了生词本身,有生词加入的多义词和复杂句也极具挑战性。首先,学生在处理有多种含义的单词时,会遇到一些困难。例如半翻转组的一名学生说,"有时候在理解句子时,遇到多义词或者长得像的词会让我觉得十分困惑。比如 reserve 这个词,我一直把它当作'储存'来理解,有一次在做阅读时我看到一个词 reservoir,就和 reserve 长得非常像,我也把它当作'储存'来理解,但后来发现这个词的意思是'水库'。然后后来我遇到另一个句子,它写的是 reserve,但我还沉浸在'水库'中呢,没有立即反应过来句子里应该是'替补'的意思。我就觉得他们变来变去的,特别迷惑。"另外,三组共四名学生提到了复杂的句子难以理解,是因为句子中有不认识的单词、句子语法复杂或逻辑关系十分令人费解。AE3 评论长难句:"长难句就像顽疾,要对症下药。我一般把主谓宾挑出来一层层理解,慢慢来。不过长难句也分类型,有的纯粹是因为太学术了,术语比较多;有的则太长了,逻辑关系复杂。"

2. 教材

　　教材的难点可以简单概括为:生词太多,阅读篇幅长,内容颇为学术,长难句的语法令人捉摸不透。半翻转组有三人表示课本中的生词实在太多,而完全翻转组的一位学生认为即便没有生词,阅读中专业或者学术性强的内容仍会给人造成困惑。

　　AE4 说:"我在学习这门课的时候,发现有很多学术背景很强的文章,在阅读这些文章时,可能所有生词我都认识,但把它们放在一起时,就完全不知道这文章在说什么。此外,专业知识太强可能会很无聊,比如讲天眼望远镜时读到一些白矮星的内容,我会非常容易分心。"

　　受访学生们对于教材内容的实用性也有不同的看法,有的人认为专业性极强的文章对于非英语专业的学生没有什么意义,而有的学生则认为课本内容丰富多样,即便涉及一些可能对自己并没有用的专业知识,但可以扩大知识面。也有学生对教材提出了一些意见,比如来自半翻转组的学生就评论道:"我觉得教材可以变得更实用一些,让我们知道哪里是重点哪里不是。现在的课本全都是阅读文章,与其说是教材,不如说是一本文集,我自学的时候根本不知道该何从下手。例如,课本可以添加一些有用的英语写作技巧,给出一些例子,详细解释该如何使用他们。"

3. 考试

许多受访者表示期中考试是他们学习的一个转折点。不理想的期中考试成绩会激励部分学生更努力地学习。期中考试过后,学生们在学术英语阅读课上花的时间变多了,背单词变得更为积极,也开始对学过的知识进行复习。AE1 就表示期中考试之前他每周只花一小时学习这门课程,期中考试之后每周学习将近七小时。

那些在期中考试中取得高分的学生,可能会因为考试成绩的正向反馈,依然保持着高涨的学习热情。一名完全翻转组的受访者表示:"每次提交作业,拿到听写反馈或看到期中考试成绩时,看到自己获得高分时是我最开心的时刻,觉得自己的努力获得了肯定。"

也有许多学生在"见识"过期中考试之后调整了自己的学习策略,哪里摔倒就在哪里重新站起来。学生开始意识到记忆单词的重要性并试图以有效的方式扩大自己的词汇量。完全翻转组内所有学生都提到了,期中考试之后对于学习策略进行了调整,意识到了每天学习英语进行积累的重要性。对于期末考试,AE3 甚至制订了团队合作的复习方案。

二、互动

互动可以分为教师的引导、提出的问题、同伴讨论和教学中心四个类别。

研究者将教师对学生的引导和反馈划归入师生互动范畴。这里的引导是指当学生和教师进行交流讨论,或者学生尝试回答问题时,教师做出的一些辅助学生理解或者表达自己意见的语言输出。部分学生非常喜欢教师的引导,完全翻转组的一名学生表示,在准备小组任务时,非常喜欢教师抽时间和每个组交流,在教师的引导下她可以很快理解任务的意义或者解决自学遗留的问题,进而帮助她更好地准备任务。半翻转组也有学生表示非常喜欢教师偶尔走下讲台与学生做一对一的个别指导。然而,一些学生认为与教师单独交流感觉并不舒服。对照组的一名学生表示:"我自己的语言能力有限,老师的英语又那么好,站我边上问我有什么问题,我一个字也说不出来,感觉很不自在。"

另一种互动的方式为教师在课堂上针对单个学生提出的问题。完全翻转组的部分学生提到喜欢教师随机但频繁的问题,觉得非常"刺激"。一名学生表示,教师随机向学生提问是保持学生良好上课状态的法宝。

　　有几位受访者认为与教师的交流常常会有些困难,因为教师在授课时大多只使用英语且语速也比较快。一名半翻转组的受访者直言:"老师说得太快了,我经常什么都听不懂。"针对这一问题,完全翻转组和半翻转组的四名学生建议教师能把注意力放一些到学生的表情上,如果学生看起来困惑了,就说得慢一些,解释得更详尽一些。另外,半翻转组的一名学生觉得教师的节奏已经不允许她查阅生词了,如果她做一些除了听课以外的其他活动,肯定无法理解教师的授课内容:"现在的问题是,如果我查一下词典,按照老师的讲课速度,等我弄明白词义,我就完全不知道他讲到哪里了。我不知道该困惑着跟着他,还是应该清醒地迷失。"

　　在这里,笔者想插入一句点评:如果教师的课程核心内容能够通过视频的方式传达给学生,学生就有反复学习教师讲座的可能。在这种情况下,这位半翻转组的学生就不用做两难的抉择,可以"清醒地"跟着教师"走"完全程。

　　课堂交流并不总是积极愉快的,来自三组的共八名学生表示,他们在课堂交流中有焦虑和沮丧的感觉。八人中有六人认为,如果不能正确回答教师提出的问题会感觉非常尴尬。这种尴尬不仅仅是因为感觉自己"出丑"了,更是因为无法用英语表达自己的想法或感受而产生的沮丧情绪。

　　有学生提出了一些解决方式,可以缓解课堂交流带来的焦虑和紧张感。这种方法就是在提问前提供与同学交流的机会。AG5 喜欢小组讨论,认为与同学交流比较轻松,没有太大的压力。而 AC3 喜欢与同学讨论教师提出的问题,因为同学的意见能够开阔思路。这些评论表明同伴讨论可能有助于减轻学生在课堂交流中产生的压力。

　　此外,几名对照组的受访者认为教师占据了学术英语阅读课程的绝对中心。AC5 说道:"老师上课的感觉就像拿勺子一口一口给我喂饭,我嘴里含着饭,脑子里却稀里糊涂。"一方面,学生喜欢被老师牵着鼻子走。AC5 虽然用"填鸭"形容了教师的教学,却也表示:"我习惯了老师讲课我听课的学习方式,觉得很舒服。如果老师让我主导自己的学习,我会迷失的,而且很有可能会觉得困倦无聊,甚至开始和同学聊天。"

　　另一方面,也有对照组的学生不喜欢被教师管得太紧。"大学老师不应该像高中老师一样,比起以教师为中心的传统教学模式,不如给我们资源鼓励我们自学。"另一名对照组的学生评论道:"我觉得同学之间的互动太少,课堂气氛不太活跃。这是我不喜欢以教师为中心的课堂的一个原因。"

三、教学活动和材料

　　学生们评论了他们最喜欢的和最不喜欢的课堂任务和活动、教师的指导及课程的设计。几位学生谈及课堂上的总结写作练习、课堂讨论、多媒体材料和学生汇报。完全翻转组由于采用了任务教学法,课堂体验会略区别于半翻转组和对照组。各组学生都表示学术英语阅读课程帮助他们拓展了视野。

第一,完全翻转组的学生和另两组学生对于总结写作练习有截然不同的看法。半翻转组和对照组的受访者认为总结写作是一种非常实用的技能训练,而完全翻转组的学生不喜欢在课堂上做段落或文章总结。来自半翻转组和对照组的两名学生表示,在课堂上归纳段意,并将归纳好的片段写下来,是提高语言能力的有效方法。AG3 提到:"通过梳理文章思路,做出总结,再通过总结段落的意思,勾勒出文章的框架,是一个很有用的阅读和写作的方法。"另外两名来自半翻转组和对照组的学生表明在阅读一篇文章时,会像高中上语文课一样,先去思考分析文章的结构和脉络,而不是仅仅记住单词。

然而,完全翻转组的两名学生不喜欢做总结段意或文章大意的任务。一名学生说道:"我知道总结段落大意是挺有效的教学和学习方法,但如果我们写出来的东西距离老师的要求差了十万八千里,教了也没办法达到那样水平的话,我觉得这个任务就没有意义。比如我写出来的总结只有一分,但是老师写出来的有五分,我无论如何也不可能从自己的一分通过这个任务成长为老师的五分,我就会很挫败,这个任务对我来说就没什么意义。"

完全翻转组的学生不喜欢在课堂上做总结类任务的另一个原因是:他们在课后会写阅读日志。在阅读日志中,学生要在第一个段落中概括文章内容,并在第二个段落中写下学习心得或反思。AE1 说道:"既然已经有总结的作业了,何必在课堂上做重复功呢?"但 AE3 认为阅读日志不仅是个总结,还提供了一个练习在课堂上学到的单词和写作技巧的机会。但无论是 AE1 还是 AE3,对在课堂上做总结写作练习都缺乏兴趣。

完全翻转组特殊的教学方式和教师不同的教学关注点,可能会导致学生对于同一个教学活动产生不同的看法。在完全翻转组中,总结写作练习只是教师用于检验学生课前自学的一种手段,这甚至不能被称作任务,可能只是教师作为热身而提的一个小问题。相反,在半翻转组和对照组中,总结段落思想和文章内容占据了大部分的课堂时间。一名半翻转组的学生谈及对课堂的印象时说:"课上老师就让我们总结段落大意,其他就不做什么了。"

第二,学生对于课堂讨论提出了自己的看法,因为教学方式的不同,学生对于课堂讨论的视角也有所不同。

先说半翻转组和对照组,因为采取了传统的讲座式课堂,这两组的受访者更为享受在教师的带领下对一个大问题进行探讨。在传统课堂中,教师会在课程开始之时给学生一个大的讨论问题。来自半翻转组和对照组的受访者表示,他们很喜欢这些主题讨论问题,因为他们"既有趣又发人深省"。通过探究这些问题,教师引导学生对整篇文章进行分析,学生或通过回答教师的问题来进行写作练习,或通过同伴讨论来表达自己的想法。AG3描述了一次在课堂上思考这种讨论问题时的顿悟体验。"有一篇题为《有限的食物》的文章。我在预习的时候把文章读了一遍,把所有生词都标了出来,没觉得文章有什么不对劲的地方。老师在课程一开始就问我们有没有觉得这篇文章的标题有什么不对的地方?我们一开始都回答没有。但随着对文章的逐步理解,我们发现这篇文章的标题和它的内容确实不太吻合,当读完的时候我们发现这篇文章的题目和内容简直是两个完全不相干的内容。这时候老师和我们说,这篇文章其实是《有限食物》这本书的序言,并且不是完整的序言,只摘录了其中的一小段,所以这篇文章和这个标题确实是两回事。如果老师直接告诉我这篇文章和标题并不相符,我可能不会产生什么印象,但是我们在概括完段落大意后,慢慢发现标题和内容不符,内心会有点满足,有点激动。"

完全翻转组使用的任务型教学法进行课堂活动设计,因此,完全翻转组的学生更注重课堂讨论的形式,他们认为小组讨论使学生更有信心在课堂上交谈。AE3指出:"我认为课堂讨论非常好,尤其是小组讨论。和老师说话可能会很紧张,但是和同学交流不会。在轻松的交流环境下,我们会更不害怕犯错,能更放得开一些。"

然而,课堂讨论并不足以营造生动的课堂氛围,受访者们希望教师能提供更多的课堂活动形式。半翻转组和对照组的两名学生建议教师以新的形式讲课,例如玩游戏等,让课堂变得更为有趣。他们希望有更多的机会让他们在课堂上应用学到的知识。

第三,不同的课堂教学方式也影响了学生对于多媒体课件的看法。

完全翻转组的一些学生认为融入多媒体的教学更有趣,更能激发他们的兴趣,也能减轻课堂压力。AE5指出:"我印象非常深刻,有一次老师讲'推断'这一阅读技巧时,让我们看了一段视频。老师先让我们看一段,再让我们推断接下来会发生什么;看一段,推断接下来的剧情。因为视频非常短只有三分钟,但是情节十分跌宕起伏,我们每一次的推断几乎都是错的,都需要寻找片段中的各种蛛丝马迹。这就像我们在阅读中的推断一样,需要找到一些关键词,寻找线索,做一些合理推断。那一次的活动就很好,短片有趣,教师的问题引人思考,学生的回答其实也挺考验能力的,我非常喜欢这种互动。"

相反,两名来自对照组的学生对于多媒体教学没有任何兴趣,甚至认为视频之类的多媒体材料非常分散注意力。AC1 评论道:"我认为多媒体并不重要,我并不关心这节课有没有趣。对我来说,有趣没有用。"

学生不仅对课堂上的多媒体材料进行了评价,对课堂之外的多媒体运用也有自己的看法。完全翻转组的受访者给予教师录制的课前讲座视频高度评价。两名受访者表示讲座视频帮助他们理解了课本的阅读内容。除了教师录制的讲座视频,完全翻转组的一名学生表示:"教材上的推荐视频都很有趣,教材上有二维码,我们可以扫码访问视频链接,作为课外知识拓展,非常有意思。"

半翻转组的一名学生建议道:"增加与课程相关的多媒体材料可能会使学生更有动力。"另一名半翻转组的学生补充说:"即使与课本内容无关的多媒体材料也能激发学生的学习积极性,例如我自己就非常爱看纪录片和电视剧,我建议选修学术英语阅读的同学看一些 BBC 的纪录片、英剧美剧等,对语言积累和兴趣激发都有一些好处。"

第四,完全翻转组的学生与其他两组学生对于课堂演讲的看法也大相径庭。完全翻转组的学生认为做课堂演讲带给他们各种收获,但另外两组的学生不喜欢做演讲。

在完全翻转组中,教师对于课堂演讲有详细的内容要求、时长要求和评分标准。在内容上,学生的演讲需要紧扣每周的阅读文章,学生需要拓展对阅读文章的背景介绍,提供大致的文本分析,最后组织一个小型讨论;在时长上,教师要求演讲不超过 5 分钟,加上讨论不超过 10 分钟。

完全翻转组的四名学生非常喜欢课堂演讲,他们认为课堂演讲内容有趣,既帮助他们学习阅读文本,又扩展了他们的知识。一名学生认为虽然比起自己做演讲更爱听别人讲,但是在自己讲的时候勇气和胆量得到了锻炼,是一个自我挑战的良机。

然而,半翻转组和对照组的学生不喜欢在课堂上做演讲,一位对照组的学生说道:"我觉得做演讲就是无意义地浪费时间。就是老师给你一个话题,然后你再讨论,然后你把你讨论的过程给同学看。"比起对照组这位同学激进的想法,半翻转组的一位同学认为:"我觉得演讲有点用,但我不习惯做演讲,也不喜欢站到人前去说话。"

第五,受访者们对于补充材料的建议没有像对课堂活动的看法那么迥然不同,三组都建议可以通过提供材料、信息和引导来改进学术英语阅读课程。

　　来自三组的九名受访者希望教师提供一些补充材料。半翻转组的两名学生和对照组的五名学生希望教师提供额外的阅读材料，以便在课堂外自学。学生对文章的形式有自己的喜好，一些学生希望教师能够使用电子版本的形式，进行更多内容上的分享，即重数量不重形式。而另一些学生希望教师提供纸质版的材料，每周发一些，重质量不重数量。

　　此外，对照组的三名受访者提到他们希望被逼着学习。笔者看到这样的要求也是哭笑不得。AC2 想要做更多的作业，AC5 希望在课堂上做一些小测验，AC6 要求每周能有更多的阅读训练。还有两名学生希望能知道一些记住单词的技巧，对单词有一些练习，以便让他们能更有效率地记住单词。

　　虽然学生们要求更多的练习和作业，但他们仍然认为老师可以通过详细解释任务和提供预习指导来改进当前的作业或课堂任务。对照组的一名学生认为课堂上的一些任务很混乱，建议教师给予更详细的任务指导和解释。该学生还建议教师在演示文稿上放上指导说明："我觉得老师把想要我们干什么放在 PPT 上会更清楚，因为看懂一个新词比听懂一个新词容易得多，看到可能会促进更多的理解。我经常连老师想要我们干什么都听不懂。"不过即便教师已经解释了课堂任务或活动，对照组和半翻转组仍有学生感到困惑。AC4 提出希望教师提前发放预习讲义或者要讲的内容，能给学生一些自学的指引，否则上课还是容易准备不足。

　　第六，比之半翻转组和对照组的受访者，完全翻转组的学生对完全翻转的课堂模式有自己的看法。AE3 喜欢课前在线学习，课中做任务和课后反思相结合的教学形式。因为课前讲座视频有助于学生理解课本中的文章，同时学习管理系统上的测验也为课前学习提供了即时反馈。课中任务丰富多样，AE3 表示，"有时老师会在课堂上分享一些技巧、故事和有趣的经历。例如老师在教餐桌礼仪章节时聊到了折叠餐巾，并且还教大家如何折叠餐巾。这个话题如此贴近生活，我们不仅练习了餐桌英语，还能真正学到餐桌礼仪，甚至上手实操，特别有意义。"

　　另外，完全翻转组的受访者也表示他们在团队合作中获益良多。学生提到了合作查词活动，这是一项基于学习管理系统的词汇自建平台，类似于词汇版的维基百科，学生能够自由加入单词词条，建立一个学术英语阅读单词库。AE1 表示："我喜欢合作查词，因为课本中的生词实在太多，课本上也没有词汇表，我得自己总结课本上的生词。而合作查词建立的单词库囊括了书本中的新词，拿来复习单词挺方便的。"

　　课程管理系统上清晰的学习步骤和要求系统指导了学生的自学。AE4 表示"课程管理系统上的指示说明让我明白老师布置了哪些预习任务，发布了哪些讲座视频,还提供了测验和练习供我们进行自我评估。上课时老师会详细分析我们不懂的句子,然后在课后让我们做阅读日志,让我们对学习做一些总结,我觉得这个方法对我很有用。"

四、学习策略

经过一学期的学习,受访者从自学和单词学习技巧方面总结出了一系列学习策略。

一方面,几乎所有受试者都意识到自学的重要性。大学学习不同于高中时期,成年人要逐渐学会对自己的学习负责。受试者提到,在大学阶段不再有教师盯着学生写作业、交作业,然而课前预习、课上听讲、课后复习却和高中阶段一样重要。完全翻转组的受访者建议"提前预习,预习有助于课上更高效地学习";课上认真听讲有助于"开阔视野""理解单词和句子"及"解决问题"。三组都有学生指出复习的重要性。"复习不只是临时抱佛脚的复习,更应该是一种习惯,是每节课后的反思和巩固。在期末考试周死记硬背收效甚微。"一些学生提到了英语学习软件的辅助功效,例如使用百词斩等单词记忆软件或者利用单词本等工具,利用碎片时间,进行单词的复习。

另一方面,半数受访者提到了单词学习策略:有的人牢记固定短语和搭配,有的人将单词置于上下文中进行理解,有的人利用词根词缀猜测词义。半翻转组的一名学生提到"有时一个词的搭配在句子中被拆得支离破碎,前后还加上了形容词或副词进行修饰,如果能看出几个词是一个固定搭配,就能很快理解句子的意思"。完全翻转组的一名受访者指出,"学习新词的时候可以将该词放入一些语境之中,并尝试造句练习,这样能够对词有更深刻的理解"。完全翻转组的另一名学生提到词根词缀记忆单词特别有用,他依靠词根词缀法两分钟内记住了从"独轮车"到"五轮车",从"制服"到"五角大楼"等一系列互相关联的词。也有两名受访者认为有时生词并不影响阅读理解,阅读时不必逐字检查,影响阅读节奏。

总的来说,总结学生半结构化访谈中对教学的反馈,教师可以考虑使用如下方式优化课堂设计:(1)在课程安排上加入学生课堂演讲、组织小组讨论或者运用游戏化的设计来丰富课堂任务和活动,使课堂更为生动有趣;(2)为学生提供更多的提问方式,例如学生可以通过发邮件或聊天软件,以及在课后对教师进行问询和答疑;(3)在课前、课中和课后都给予学生充足的学习引导;(4)布置阶段性作业或测验让学生回顾学到的内容,正视自己的进步或退步;(5)提供有助于自主学习的视频、阅读和练习题等补充材料供学生实践学到的知识。

访谈札记二——B 大学的大学英语阅读课程

　　研究者将学生访谈归纳为课程、课堂活动和建议三个主题。在课程主题中，学生抒发了对读写课几个要素诸如单词、阅读、写作和考试的感受。在课堂活动主题中，学生讲述了对课堂互动、小组活动、视频和演讲的感受。最后，学生针对课程学习体验，为教师和课程设计者们提了一些建议，也为其他选择读写课的学习者们提供了一些学习的方法。

一、课程

　　在课程主题下，研究者将学习者的意见按照课程的部分进行了分类。学生们认为读写课的重要部分有单词、阅读、写作和考试。学生们花了大量时间背单词，但是存在着一些应用困难的问题。学生们也提到预习文章帮助他们提升了课堂的参与感，但是对长难句还是感觉理解困难。作为读写课的一个重要元素——写作，同学们普遍感觉自身写作水平很有限，提高也不明显。大部分人都十分重视考试，不论是大学英语四级考试还是期中期末考试。毋庸置疑，考试对学生的学习态度是有激励作用的，学生也提出想要更多有针对性的练习，想学习一些考试技巧。

1. 单词

完全翻转组	半翻转组	对照组
记单词	记单词	记单词
单词难		单词难
不会应用		不会应用

　　三个组的学生都提到了记单词构成了他们课程学习中的重要一环：完全翻转组的学生表示只有理解单词的意思才能理解文章，背单词和词组是很重要的。半翻转组的学生表示积累单词对学好英语特别重要。对照组的学生提出不结合语境记单词，效果不会特别好。总的来说，三个组的学生都反映单词在英语学习中很重要，也提出了一些记单词的方法和见解。

　　　　BE4：就我自己而言，不认识的单词我会把它写在旁边，这样可能有
　　　　　　助于我自己理解，但是可能每个人的学习方法会不一样，我也
　　　　　　不知道别人怎么做。不过我自己会查一下单词，尽量都知道

　　　　它们的意思,这样比较好理解课文,然后可能我会看好几遍,
　　　　就我自己来说我会看好几遍熟悉一下。

BG6：我觉得读写的话,单词真的特别重要。不断去积累自己的词
　　　　汇量特别重要。

BC4：我觉得只记单词,不结合语境、意思之类的,没有衍生,就没什
　　　　么用。要知道这个词什么时候用在什么地方。然后一些例
　　　　子,一些句子,以及它延伸出来的一些词汇,进行进一步记忆。

　　此外,被问及读写课难在哪时,完全翻转组和对照组总共 8 位学生提到了单词是这门课的难点之一。完全翻转组的一名学生提到:"教材上的生词我自己会有很多不认识,给阅读带来了难度。"同样,对照组也有学生提到,"读写的难度主要集中在课文变长变难了,生词难度也上了一个台阶"。词义把握不清、单词难背难懂等因素给学生的阅读理解和写作带去了一定的困难。

BE6：我觉得课文需要去搜词的意思,有些句子的意思也不是特别
　　　　清楚,然后这个课文对我来说也许是有一定的难度。还有一
　　　　些新的词,我以前可能也是没有接触到的。

BC1：那大部分还是课本,因为课本那些阅读的话,里面有些单词比
　　　　较难。单词有些还是会不是很熟悉吧。

　　最后,值得注意的是,完全翻转组有一位学生提到学到的知识不会应用:"讲的时候都听懂了,再听到会觉得陌生,或者用的时候还是不会。"学生如何学会知识的应用,可能也是教师需要考虑的问题之一。

2. 阅读

完全翻转组	半翻转组	对照组
预习文章	预习文章	预习文章
课本变难	课本变难	课本变难
复习课文	复习课文	复习课文
	保持阅读	保持阅读
		阅读能力和信心提高
课本内容讲解少		课本内容讲解枯燥
进行限时阅读训练		

　　作为读写课,阅读也是学生课程学习中的一个重点。每个组都有学生提到预

习文章是他们课后自学的重点内容,预习完文章带着问题去上课,课堂效率比较高;反之,不预习,上课就会不知所云。还有一位完全翻转组的学生表示,预习充分在课堂上会有更高的参与度和更强的自信感。

> BE6：我觉得可能我学习英语,自己也没找到非常非常好的方法,然后我就讲一讲我平常自己学这门课的方法。我很注重课文能不能读懂,一定要每一句话都要读懂,所以我会去找翻译的工具,把一些生词都收集起来,就要让我自己先读懂这篇课文,然后再去上课,感觉自己能听得懂,也更自信一些。参与感也会更强一些。

> BG3：预习的时候会习惯性地自己画一些不懂的地方。第二天老师讲的时候会重点听那个。我觉得这个方法比较有效。

> BC6：这门课还是不难的,一定要做好课前预习,我感觉很多人课前都没看过书,就等着听老师讲课,结果根本都不知道老师在讲些什么。因为都不知道书里的内容,属于边听老师讲边看书,根本没什么效果。

五位学生被问及读写课难在哪里时都提到了课本难。BE6 提到词义和句型结构的难度增加,导致阅读理解的难度也增加了。BC5 则表示大学读写课本中的文章相较高中变长变难了。此外,长难句的翻译也给学生带来了一定的困难。BE5 认为长句是课程的一大难点,"长难句的翻译难,就比如我们上次'政府不愿意这么做'那个地方有个翻译,一下子没看出那个结构,就感觉翻译起来有困难。"

对于如何学好这门课,三组学生又不约而同地提到弄懂课本内容,复习课文至关重要。BE6 提到："课前读懂文章,课上大胆一些,课后复习,是学好这门课的方法。"半翻转组的两位学生也提到,读懂课本很重要。对照组的学生就比较直接了,因为考试范围是从课本里出的,BC4 的建议是"考前多看课本",而 BC3 建议考前将课文全部翻译一遍。

> BC3：我就是考试之前把那几个可能要考的文本全部翻译一遍。我觉得帮助挺大的。就自己把原文翻译一遍。实在不想自己翻译就去网上翻译,翻出来,然后再看。很有帮助。

除了熟读文章,半翻转组和对照组的两位学生还建议保持阅读的习惯。BC2 表示："我觉得学英语不是针对课而学的,而是很自然地学。比如看看教科书,不是英语课的教科书,是我专业方面的教科书,用英文写的,对学好英语也很有帮助。"

学生在阅读方面也有一些改变,对照组的一位学生提到,这门课提升了她的阅读能力和信心,因为"背了四级的单词后,四级文章就基本都看得懂",也因为教师给学生讲了一些阅读方法,布置了一些阅读练习,该学生在做四级考试中的篇章阅读题目时一个都没有错,这给了她极大的鼓舞。这也从侧面反映,一定的单词积累对于阅读能力的提升是有正向作用的。

但是也有学生提出,读写课的课本内容讲解少,讲解方式枯燥,建议增加一些限时阅读练习。这些意见也为课堂设计带来了新的思路:学生对于太过简单的内容容易丧失兴趣,对于难的内容需要更多的帮助,也需要一些能够真正锻炼他们能力的练习。

BC1:单纯讲课文就比较枯燥,就是把课文意思翻译一下这样子。

BE3:感觉讲课文的节奏还是有点快。

BE6:阅读训练的话,如果是我们高中来说的话,可能会限时做完一篇阅读训练。我感觉这节课没有给我们一些真正的阅读压力训练:就是给你一个很短的时间,让你去把这篇文章阅读一遍,然后要很快明白它每个段落的意思。感觉(现在)这个训练的紧迫感没有那么强。可能效果也没有那么好。

3. 写作

完全翻转组	半翻转组	对照组
	写作很重要	写作很重要
作文水平没有提高	作文水平没有提高	作文水平没有提高
单词句型应用		
		作文写太少
	背范文没用	背范文没用

作为读写课的另一个重要元素——写作,半翻转组和对照组各有一位同学认为写作很重要。BG1 认为写作能力很大程度上影响了口语的流利性,例如课堂发言之前会先打草稿,草稿内容决定口语输出的内容;而 BC2 认为读写之中,读是输入,写则是输出,会写是很重要的技能。

然而,知道写作的重要性并不意味着写作水平也相应提高。三个组都有学生认为自己的作文水平并没有提高。完全翻转组的学生反映自己的写作水平还停留在高三阶段,虽然在读写课上学到了更高级的词汇,但并不会使用。半翻转组和对照组的学生有一次和老师一对一交流的机会,有两位学生都咨询了写作相关的问题。半翻转组的学生表示自己写作一直写不好,平时测验也不多,不知道自己的写作有没有提升;而对照组的学生表示"可能是因为自己的语法太差,写作文只敢写简单句,也不会应用学到的词组和单词,所以写作水平并没有提高"。

> BE6:我感觉自己的写作没有得到一个特别明显的提高,就是对于一些比较高级的词汇的应用没有实践很多。就感觉自己的水平还保留在高三的那个程度。对于一些高大上的词汇真正去应用,或者去搜集,不是特别的多。

> BG3:我觉得作文一直写不好是个困惑。课上有一次老师还让我们全班都去她那边咨询自己的问题,我就问了她作文怎么写。我正在尝试她给的这个方法,但我现在也不太清楚自己的作文得了多少分。感觉平常的测验也是不多,所以我不知道自己有没有提升。

> BC2:困惑就是我的作文水平并没有提高多少,就还是那个样子。可能根本问题还是在我自己身上,不在老师身上,可能是我的语法还是太差了。我因为语法差,不敢把句子写长,作文只敢写简单句。有时候老师会教我们一些好用的词组句型,学的时候知道,但是考试的时候又想不起来了。脑子里想的还是自己的那些东西。

不难看出,学生由于不会应用单词,导致写作不自信的情况时有发生。正如E2所说,认为自己的单词特别有问题,"记了好像没记"。

> BE2:我现在记了一些单词,但是写作文的时候就会继续使用初中高中学的那些比较简单的单词,不会用那些背过的单词,或者背了的又忘了,又或者拼写的时候不是少了个 e,就是少个 i。

由于也有着相同的词汇应用问题,BE6 建议道:"对于写文章的训练,对一些比较高级的句型和词汇的运用,我觉得实践要更多一些。"另一方面,BC6 则认为"写作文太少了,很多语法都不会用了。"

还有同学尝试了一些效率不高的写作方法,半翻转组和对照组各有一位学生点评道,背范文对写作提升并不大。BG5 认为,"背那些以后不会看的东西并没有用,还是会忘光";而 BC2 的角度是,"背下的范文写出来非常不自然,好的文章还是要从基础开始,从语法抓起。"

4. 考试

完全翻转组	半翻转组	对照组
备考四级	备考四级 考试成绩	备考四级
		被成绩打击
	考试激励学习	考试激励学习

虽然不算在课程大纲内,大学英语四级考试作为本学期所有非英语专业大一新生最关注的课外英语测试,对学生的影响不容小觑。三组均有学生提到本学期在课下花了大量时间备考四级,读写课会有一些专项练习帮助学生应对四级,甚至有学生说"准备好四级,读写课的成绩也不会差"。

BE1:平时做点四六级的试卷。

BG1:我喜欢老师在四级考试前给我们进行系统的练习,然后还有针对性地讲一些题,针对性地练。

BC2:我觉得这门课就是把四级搞好,成绩就不会差了。因为这门课的考试内容和四级有点像,好好复习四级,还能把四级分数考高点。因为这门课在考四级的东西。期中考试考的也是四级的题型。

另外,BE2 希望每周教师都能布置一套四级练习,可以是阅读或者选词填空,而 BG5 希望教师能够传授一些考试技巧。

而对于课程大纲内的期中期末考试,半翻转组两位学生直言他们最关注的就是考试成绩。BG6 最希望知道这门课给分高不高,而 BG5 只关心考试成绩不关心试卷分析——"我不想跟老师走。如果有不懂的话我就自己去弄,不会等老师来讲。"不过 BG5 相较于其他几位受访者略有不同,他承认对于考试没有做任何复习,"我考试都是裸考的,我可能会觉得,裸考也可以吧,也能考 80 多。"

有的人只在乎成绩,有的人会因为成绩不理想而受到打击。BG6 考完期中考感觉很不好,对自己很失望;BC2 因为看不懂期中试卷上的文章而备受打击。考试虽然打击了 BC6,也激励了 BC6:"刚开始学习没什么所谓,会觉得啃高中的老本也就够了。然而期中考试考完之后感觉自己怎么忽然变'菜'了那么多,就会想要加把劲了。"

总的来说,学生对于考试还是相当重视的。对照组有一位学生说,因为有考试,学生们才不敢松懈平日的学习。而很有意思的一点是,对于课程内的期中、期末考试,完全翻转组的学生们没有做任何评论。

如果对课程部分做一个总结的话,学生普遍认为单词是课程的难点,对于单词的记忆和学习也有自己的方法。但是有学生提出单词不会用,学了就忘。同样,写作部分也有学生反馈,学过的词汇句型不会应用,感觉写作并没有得到提升。另外,关于阅读部分也有学生提出,对于阅读的讲解少,讲解方式枯燥,建议增加一些限时阅读练习。这些意见为课堂设计带来了新的思路:学生对于太过简单的内容容易丧失兴趣,对于难的内容需要更多的帮助,也需要一些能够真正锻炼他们能力的练习来帮助他们应用所学的知识。

二、课堂活动

课堂活动被分为了互动、视频、小组活动、学习平台和口头演讲五块。读写课互动多,学生也意识到了口语交流的重要性。课堂视频受到了许多学生的欢迎,被认作是打开文化和视野的一个渠道。三组学生都表示喜欢小组活动,小组活动在带动课堂气氛和学生积极性作用不可小觑,可小组活动的计划和组织需要进行认真的思考。学习平台是完全翻转组和半翻转组学生课前学习的一个途径,学生认为善用平台能提高课堂效率。而作为完全翻转组的完全翻转模块的独有内容,口头演讲锻炼了学生的胆量和合作能力。

1. 互动

完全翻转组	半翻转组	对照组
喜欢课堂互动	喜欢课堂互动	
喜欢课堂发言	喜欢课堂发言	
答对问题开心	答对问题开心	
		不喜欢师生互动
答错或答不出问题很尴尬		
	感觉口语很重要	
感觉听说很难提高	感觉听说很难提高	
想学地道表达	想学地道表达	
学生积极主动交流	学生积极主动交流	
教师鼓励学生提问		
	一对一单独交流	一对一单独交流

　　完全翻转组和半翻转组共有四位学生提到喜欢课堂互动——学生有更多表达机会,更强的参与度,课堂气氛更活跃有趣。完全翻转组的一名学生觉得读写课上的互动比其他课都要多,互动的形式也比较轻松。另一名来自完全翻转组的学生认为师生之间的互动使得师生间的界限变得不再明显,相处更像朋友。

　　BE5：喜欢的部分感觉还是上课的那些互动,感觉是比较吸引我的。
　　　　举个印象最深的例子就是画我们印象中的剧院。那个地方和
　　　　组员的互动我就觉得比较有意思,比较容易让我们投入进去。

　　完全翻转组和半翻转组的学生提到喜欢在上课的时候发言或者被抽答问题。BE2 表示等待被抽到的时候比较紧张,但是也很兴奋;而 BG6 认为上课发言本身是一件很开心的事,无论答对与否都很开心。而另一些来自完全翻转组和半翻转组的学生则认为,上课答对问题时很有成就感。

　　BE4：有的时候回答出问题的话会有一点小开心,感觉自己好像很
　　　　厉害的样子。

　　BG5：老师课堂上给了题目,我能第一个说出答案,而且答案都是
　　　　对的,我就觉得挺开心的。

　　有人喜欢互动,也有人不喜欢互动,对照组就有一位学生表示,"我个人不太喜欢较多的师生间的互动。老师有时候在班里走,你如果坐在边上的话,老师可能就会把手上的话筒递给你,你就要回答问题。所以我每次上课的时候都选择坐在里面。坐在里面就不会被提问到。"

　　而另一些完全翻转组的学生,虽然喜欢互动,但也因为互动而产生过尴尬的情绪。E1 和 E3 因为回答不出问题会觉得有一些尴尬,BE4 因为走神时被老师邀请回答问题,感觉不知所措,甚至有一些失落。

　　通过互动,学生认识到了口语的重要性。BG1 认为这学期自己最大的改变是"会去练习口语,认为口语越发重要"。在自身交流需求的促使下,在同学之间口语水平差距的对比下,学生会有想要提高口语的想法。

　　BG1：我会去练习自己的口语,觉得口语越发重要。无论在什么场
　　　　合下,你都得要说得流利。老师会安排一些任务让你们小组
　　　　完成的时候,我就发现,当你想要描述这个东西,用自己的话
　　　　来说,我就感觉词不达意,又想用手机去查一查用哪个词来
　　　　翻译这个比较好。但我拿起手机的时候就感觉自己想不到,
　　　　感觉自己不够好。还有就是,每个同学起来发言,有说得比
　　　　较好的,有说得不那么流利的,就会看到差距的存在,也会想

要去提高一下。

虽然有想要提高听说的想法，完全翻转组和半翻转组各有一位学生提出：用了很多方法，感觉听说很难提高。BE1"用了很多方法，还是觉得听力进步不大"。BG4 因为高考不考听力，所以在过去的英语学习中对听说是比较懈怠的，发音都发不准。但是因为交流的需要，还是想要提高自己的听说能力。

与此同时，完全翻转组和半翻转组的另两位学生也在采访中提到想要学习地道的口语表达。BE5 和 BG2 都认为英语是一个交流工具，"如何将课本中学到的知识应用到生活中，是我真正感兴趣的"。

> BE5：我觉得英语就是一种交流的工具，如果是我的话，我希望老师
> 能多教授一些日常生活中能用到的，或者当地人一般会怎么
> 用这些英语。能多教我们如何把这些英语用到日常生活中。

学生对于课堂互动交流也提出了一些学习和教学的建议。对于想要获得更好的读写课堂体验的学生，BE1、BE2 和 BG2 建议要积极主动地交流。

> BE1：如果你想说得很流利的话，老师提出问题时你要积极去发言，
> 跟着老师的步子走。上课尽量参与度高一点。

> BE6：这堂课互动感还是特别强的，我觉得还是要大胆一点。跟组
> 员合作也要更积极主动一点，这样体验感才会更好，才会学到
> 更多的东西。要敢于表达自己。

> BG2：如果是为了提升英语水平的话，我觉得可以积极回答老师在
> 课堂上的一些提问。我是比较爱回应老师的，老师提问的时
> 候我自己会思考。

不仅学生要积极主动交流，BE1 提议老师也应该鼓励学生将不懂的地方说出来。"如果学生有疑问的话，老师还是应该鼓励学生提出来。我觉得我们可以利用最后一节课的一些时间，再巩固一下，让学生提出问题，没听懂的话就大胆问嘛。"

最后半翻转组和对照组的教师没有组建课后交流群，取而代之的是和每位学生进行 15 分钟的一对一交流。对于这一交流方式，半翻转组和对照组的学生也表达了自己的看法。有的学生认为一对一交流这个行为本身非常好，既能提出问题，又不怕"别人在场尴尬，以至于不敢提出问题"。而对于没有课后交流群组，学生的看法就产生了分歧。BC1 认为交流群还是要有的，不然产生了问题只能通过"问学习委员，学习委员再去问老师"这种间接方式，既浪费时间又影响传达的准确性。而另一些学生认为如果建群只是为了布置作业，那建不建群意义不大。

很有意思的一点是,对照组的学生除了不喜欢课堂互动的 BC3,以及对一对一单独交流提出了些许意见之外,没有人提日常的互动。这点值得研究者进一步探究。

总的来看,读写课的互动比较轻松也比较多,让学生一方面更加投入课堂学习,另一方面也引发了他们对听说能力的重视。学生们有了提高听说的想法,有想要学习地道表达,将学到的知识应用到日常生活中的欲望。学生的这些变化和想法为教师和课程设计者提供了一些课程计划的思路,如何帮助学生提高听说能力,如何设计互动,如何应用,值得更多的思考。

2. 视频

完全翻转组	半翻转组	对照组
喜欢课堂视频		喜欢课堂视频
		对视频进行针对性剪辑
跟着教师视频学习文章		

读写课上的视频分为两块,一个是教师在课堂上给学生播放的视频,一个是教师为完全翻转组和半翻转组录制的课前自学视频课。对于课堂视频,完全翻转组和对照组均有学生表示看了课堂视频很开心。但由于完全翻转组和对照组的课堂视频也并不相同,学生的反馈也不太一样,所以分开进行讨论。

完全翻转组的学生认为课堂视频不仅有趣,教师还会对视频进行讲解,或者进行循序渐进的授课活动,丰富了课堂的内容,提高了学生的上课积极性。

> BE6:我很喜欢老师从一个外国的视频进行展开,不是仅仅让我们看完那个视频就好了,老师会分享一些留学见闻,或者发表一些自己对视频的见解,会让这个视频变得更加丰富。我们的印象也会更加深刻。然后再引入我们该学习的知识,我觉得这一点我很喜欢。比如我印象很深刻的是上次看了一个外国人出去买吃的,就从那个吃的东西引出了特别多的吃的,然后就以食物为主题拓展出各种各样的东西。这种拓展的形式还是比较有趣的。

对照组的学生认为课堂看视频本身挺放松、挺开心的,但是也有一位学生提出教师放的视频比较长,如果进行剪辑,将视频做得更短小精悍、有针对性会更好一些。

> BC4：老师上课有时候会放一些视频，虽然看视频很有意思，但是感觉没有特别大的用处，因为她的视频比较长。我觉得如果能够剪短一点，或者提出中间的重要部分，我觉得比较有用。我知道老师放这个视频是和课本有关的，但是也不是特别有关。视频太长了，比较浪费时间。

对于教师录制的视频课，完全翻转组的学生表示特别有用，尤其是对于课文段落的分析，关键字的解读。跟着视频学习下来会对课本有大致的了解。

> BE2：上课前的那个视频特别有用。一开始先看视频的话，虽然你不会做那个选项，但视频对应的这一章内容，就会大致地知道。看过文章再去看一下视频，自己做一下选项，就觉得自己把文章学得半懂了。

> BE3：我觉得对我帮助最大的就是教新课的那节视频。那些段落分析比较有用。它不会一字一句地帮你解读课文，但一篇文章按照大段来分，找出一些关键词，跟着把那些句子读一遍，再去看那些句子，我就觉得比较好理解。不然自己看下去就会比较吃力。

总结来说，视频可以丰富学生的学习体验，短小精悍、具有针对性的视频能增加课堂的学习效率。

3. 小组活动

完全翻转组	半翻转组	对照组
喜欢小组活动	喜欢小组活动	喜欢小组活动
		小组活动和个人活动都要有
		活动不必过于拘泥形式
活动意义不清指示不明令人困惑		

三组学生都提出了喜欢小组活动。完全翻转组的学生认为小组活动能够通过合作拓宽自己的思维，也能从组员身上学到自己不会的英语表达。半翻转组的学生提高了课上的小组竞争力，在竞争中会抢着去说。而对照组的学生提出小组活动虽然有趣，个人独立解决问题的机会也要具备——小组活动和个人活动都要有。

> BE6：有一个小组的创作互动，我觉得挺有意思。比如让一个小组

的人一起写一篇作文。每个人的想法可能不同，但是结合在一篇文章里就会很有趣。不用管别人写到了哪个地方，要清楚你自己对于这个题目有什么见解。但是别人没有写到的，我觉得可以再进行补充，不用拘束在他之后该写什么，而是看到他可能没有写到的地方，或者你觉得应该丰富的地方，你可以再去把它写完。我觉得这一点就能开拓自己的思维，就不会那么局限。

BG1：小组活动主要是有一种竞争，让你抢着去说的。如果本身有一定的兴趣，加上假如两个组分到的是同一个主题，就会形成一定的竞争。我觉得这种抢着去说的形式是有一些互动竞争性在里面，感觉整个参与下来很有激情。没过多久，大家都会去抢着说，感觉很好。

BC4：有些时候老师会要求分小组回答问题，小组合作的话是想通过小组成员之间的合作来解决问题，我也希望有一些机会能让自己独立解决一些问题。

　　小组活动虽然有趣，但是如果为了小组活动而小组活动，太过于拘泥形式，或者活动的意义不明，就会让学生产生消极的学习心态。BC5 表示小组合作太注重形式没有必要："有一次上课为了小组合作换了座位，要和自己不是很熟的同学合作，这个事情本身挺尴尬的。小组合作完全可以和熟悉的同学进行合作，而且合作的效率也会变高，毕竟大家也会比较聊得开。"而 BE3 表示不理解活动，效果就不会很好。例如 BE4 和 BE6 喜欢的互动写作，BE3 就持不同意见。"互动写作让我们一个人写一个段落，然后传给下一个人接着写。那个时候刚开始就挺混乱的，大家都不知道怎么写，有些人一口气就写完了半篇文章，别人可能就不知道写些什么了。而且我也不是很理解，这样让我们轮流传递的意义到底是什么。"

　　同样的活动，有人接纳并喜爱，有人因为不理解而感到迷茫困惑。教师和课程设计者如何将活动的意义解释清楚，如何把活动步骤演示明了，尽量让学生享受活动，也是值得思考的一个问题。

　　还有一个有趣的地方在于，BE4 虽然表示非常喜欢小组活动，但也提到互动学习的效果没有独立学习的好。如何深化互动学习的效果，也是给课程设计者们的一个挑战。

4. 学习平台

完全翻转组	半翻转组	对照组
课前预习 网络平台没有纸质便利		

出人意料的是,半翻转组没有学生提起学习平台。而完全翻转组的所有学生在背景调查中都提到使用平台进行课前预习,例如写单词表,看学习视频,完成预习作业和完成小测试等。另外,BE4 表示课前完成学习平台上的预习作业,上课的效率会比较高一些。

然而 BE3 表示她的学习经历让她更习惯于线下纸质的学习方式,他希望作业还是通过纸质材料以讲义或者练习的形式下发会更习惯。

5. 口头演讲

完全翻转组	半翻转组	对照组
喜欢口头演讲 不喜欢但是锻炼人	——	——

口头演讲是完全翻转组独有的课堂活动,有四个学生表示很喜欢口头演讲,认为口头演讲能够锻炼胆量,提高表达能力,也增加对英语的兴趣。也有学生认为口头演讲需要团队配合,很锻炼合作能力,并且通过看其他团队的演讲,也能学到很多。也有学生觉得准备演讲这个过程——组员之间紧密合作,查找资料,将资料整理并通过各种方式呈现,最后将成果展示出来——本身就能让人学到很多东西。

BE4 表示不喜欢做口头演讲,但是她同意做演讲是一个很好的锻炼机会。

> BE4:我自己不是很喜欢上去讲,我不是很喜欢被大家看到。有几个讲得挺有趣的,听得懂的话,那我还是蛮喜欢的。但有些内容可能就比较高深,然后又听不懂,就可能没什么兴趣去听人家讲了,可能会不怎么听。不过虽然我个人不是很喜欢,但我觉得它是一个锻炼自己的机会。

最后,作为课堂活动门类的总结,如何设计课堂活动来帮助学生提高语言能力,如何设计互动,如何应用语言知识,如何利用视频、平台等多媒体科技元素,值得教师和课程设计者思考。

三、建议

在建议门类,我们讨论了课程的娱乐性、难易度、检测方式、补充材料和自学建议。学生普遍认为读写课内容丰富多样,有趣轻松,但也有许多学生认为课程的娱乐性太强,而严肃的语法文本解析比例又比较低。课程的娱乐性和学术性的比例需要再进行考虑。从难易度方面来说,有些学生认为教师课上大篇幅讲学生能力以外的内容非常枯燥,而有些学生认为不断重复已掌握的知识太过无聊,课程的难易度方面也需要进行考量。学生反映课程缺少检测方式,不知道自己是否有提升,也对老师在补充材料的选用方面给出了建议。最后,学生都认为进入大学主要靠自主学习,他们提供了一些自主学习建议,供未来的学习者以及课程设计者参考。

1. 课程的娱乐性

完全翻转组	半翻转组	对照组
上课形式、内容丰富多样	上课形式、内容丰富多样	上课形式、内容丰富多样
对英语产生兴趣、信心		对英语产生兴趣、信心
应试性不强	应试性不强	应试性不强
读写课比较轻松	读写课比较轻松	读写课比较轻松
	娱乐性太强	
	老师对学生要求高一些	老师对学生要求高一些
增加文本语法讲解	增加文本语法讲解	增加文本语法讲解
	调整娱乐性和学术性的比例	
有趣度	有趣度	

三组共 14 名学生认为读写课形式多样,气氛更活跃。比如完全翻转组的学生提到,"通过听音乐、阅读特别地道的英文短篇或看视频等方式,契合我们当下的一些节日或者习俗去学一些东西,会让人感觉特别有吸引力,很有趣,也可以接触到更地道的东西。"而半翻转组和对照组的学生对教师自身的留学故事非常感兴趣,有 10 位受访者反映,感觉读写课学到了更多的风土人情、趣闻逸事,除了对英语本身的学习以外,他们还习得了中西方的思维差异、西方文化、知识、礼仪等,拓展了他们的文化视野。

BG1:我觉得整个课堂的趣味性和参与度是很高的。就比如老师
　　　讲过她的大学生活,会介绍一下西方人是怎么过圣诞节的,

国外的学生会怎么过一些节日,还会通过一些电影来介绍中西方的这种差异,然后觉得挺好的。

BG2:我觉得这门课不光和英语有关,老师还教了我们一些思维逻辑上的一些方法。就比如有一次课堂上老师让我们根据不同的图来猜东方人的思维方式和西方人的思维方式有什么不同。我觉得这就是一种对比吧,这是这节课给我印象很深刻的一点。

BC6:老师有时候给我们看一些视频。比如有一次老师讲圣诞节,就给我们看圣诞节的视频,然后三人一组进行小组活动,讨论中西方文化差异的地方。那个时候就感觉很有学习英语的气氛,会主动去思考怎么用英语去表达。

相应地,完全翻转组和对照组共有三名学生提出读写课培养了他们对英语的兴趣,增长了他们对英语的自信。BE6 提到读写课让她看到了英语更多的有趣之处,感觉更喜欢英语了。BC3 表示之前对英语一点兴趣也没有,感觉很难很无聊,"之前的目标是过了四级就好,现在感觉英语还是挺有用的,也会想用英语进行交流。"而 BC6 则表示,他开始看美剧了,"之前对美剧没有兴趣,现在觉得也蛮喜欢。"

三组各有一名学生指出读写课的应试性不强,这也会影响学生的学习方法和学习心态。例如 BE1 自述他的英语学习内容产生了很大的变化,高中时以做题为主,现在则以阅读英语短文、看英语电视电影等拓宽视野为主,做题比例减小了很多。而 BC4 和 BG5 都认为读写课没有很强的目的性,课程比较轻松。

三组都有学生提到读写课程比较轻松。完全翻转组的学生提到大学环境变得比较轻松,而半翻转组和对照组直言读写课相较其他课程十分轻松。而对于轻松的课堂氛围,半翻转组和对照组的学生态度并不相同。有些人认为轻松的学习环境对于自制力比较好的人影响不大,有些人认为轻松学习会比较快乐,还有不少人认为过于轻松的课堂对学习是有消极影响的。BG2 就提到:

我在上第一课之前,非常认真地去预习,把每个单词、用法、例句都看了,不懂的词也圈出来了,但是老师并没有讲这些。老师就孔子、儒家文化等内容大致画了几个词组,稍微讲一下就直接过了。我们肯定是跟着老师的节奏去上课,如果我把所有的都预习完了,但是老师上课却不讲,我就会觉得我预习没有什么用,也不重要,那我下次就不预习了。

BG2 在享受课程的丰富性的同时,也提出读写课的娱乐性太强了一些:

老师给我们传授的文化常识类的知识是比较多的，但是一些学术上的比如新单词、新句子的讲解并不是很多。比如讲到梵·高的画，里面的生词没给我们讲多少，反倒是那幅画什么时候在哪儿，什么时候又干吗了，这种讲得过于多了。而英语单词、句子结构这些又讲得少了。

其实 BE6 和 BG1 也认为娱乐性太强的学习方法，对学习的促进作用不大。BE6 举例看美剧对她的学习促进效果很有限，她会被剧情吸引而忽略了语言学习；同样，BG1 认为听英文歌效果也不大，如果只是听只是看，那就只能算是娱乐，不算学习。

此外，半翻转组和对照组的学生对于作业也有所质疑，不是质疑作业太多，而是质疑教师为什么不布置作业。BG1、BG6 和 BC6 都希望教师能够对学生要求高一些，不管是上课纪律还是考试要求都严格一些。BG6 更是直言希望老师"不要放水"。除了要求高一些，BG1、BG6 和 BC6 还希望老师能够多布置一些作业。BG6 希望教师平时可以增加一些课后练习，而 BC6 认为这节课的练习主要集中在上课的时间，没有课后，从而失去了检验提高的机会。

综上所述，虽然许多学生认为读写课内容丰富、气氛活跃、拓宽视野，也有许多学生认为轻松的课程环境对学习有消极的影响。更有许多学生认为读写课的娱乐性的比例太高而导致学生没有真正学到多少语言本身的知识。对于这一问题，完全翻转组、半翻转组和对照组都有学生反映，希望增加文本语法的讲解。BE6 希望"保留课程的娱乐性，但是加深学术性，增加阅读练习，从而让这堂课既有趣也有效，让同学们更有收获感"。BG2 则认为风土人情开拓视野固然重要，但是英语和中文一样，词不离句，句不离文，如果不掌握单词，句子就看不懂，文章就更看不懂了。而 BC2 希望老师在讲文章时多讲一些语法，比如哪里的词汇是难点，句型是什么，该如何去理解，想对语言本身有更多的学习。

半翻转组的学生不仅希望增加语法的讲解，更是希望调整课程娱乐性和学术性的比例。BG2 认为"学应该要比玩更多"，而 BG4 和 BG5 认为现在的课堂固然欢乐，但是"可能有点太娱乐了"。

虽然许多学生都希望增加语法讲解，完全翻转组和半翻转组仍各有一位学生表示，课堂是否有趣是他们最为关心的问题。BE2 表示"我觉得高中学的英语语法已经够多了，大学保持对英语的兴趣就好了"。类似地，BG5 也表示"如果老师上课一直讲那些语法，我会觉得上课特别没有意思，然后就一点儿都不想听"。看来如何设计有趣的内容，将趣味性与实用性相结合，如何平衡课程的娱乐性和学术性，是值得教师和课程设计者仔细思考的。

2. 难易度

完全翻转组	半翻转组	对照组
不喜欢懂的地方重复讲 有些讲课方式过于简单	大篇幅讲学生能力外的东西 不喜欢懂的地方重复讲 有些讲课方式过于简单	不喜欢懂的地方重复讲 有些讲课方式过于简单

学生提到课程难易度不合适也会影响他们的学习心情和效率。讲得太难或者太容易了都不合适。BG1 就认为大篇幅讲学生能力范围之外的东西很浪费课堂时间。"有一次三分之二的课程都在讲一种写作技巧，而大多数在座学生的水平还停留在勉强完成的状态，还没到达老师讲述的状态，我觉得有的内容点到就好，但是没必要花太多时间，因为就算花了时间，效果可能也不是很好。"

相比 BG1，更多的学生表示不喜欢老师在他们已经掌握的知识点上反复强调。BE1、BE5、BG4 和 BC1 都表示，当老师在他们已经会了的知识点上花大量时间反复强调时，可能会让他们丧失兴趣。

此外，三组都有学生认为教师的一些讲课方式过于简单或者枯燥。BE6 认为有时教师让他们找课文中的一些转折词或者找一些地点，对于他们来说太缺乏挑战性，建议将活动的难度提高。而 BG2 认为课程上讲的一些文章结构例如"总—分—总"结构小学语文课就学过，只不过现在面对的是英语文章，这样"新瓶装旧酒"的模式会让她失去兴趣。而 BC1 则认为教师讲课文的方式太单一，只是翻译一下课文意思而已。

学生对于难易度把控的建议让我想到了维果斯基的最近发展区理论。最近发展区是学生在他人帮助和指导的前提下能完成的任务范围，其下限是学生已经能独立完成的任务，上限是学生在有帮助的情况下还不能完成的任务。随着学生的发展，这一区域会不断变化，随着学生内化的心理机能越来越多，上限和下限都会随之上移。原来处于上限之上的一些任务可能会处在最近发展区内，原先处于最近发展区内的任务可能对学生来说变得简单，而处于下限之下。教师和课程设计者要努力将学生的任务设置在最近发展区之间，而如何把控最近发展区，可能也要借鉴一些检测手段。

3. 检测方式

完全翻转组	半翻转组	对照组
		不知道自己是否有提升
增加阶段性测试	增加阶段性测试	增加阶段性测试

对照组有一些学生表示没有作业，也不知道自己是否有提升。BC5 和 BC6 疑惑这节课为什么不布置作业，没有作业就不知道自己是否有进步。而 BC4 则表示，大学的测试比较少，虽然上课但也没有感觉自己有多少提升，或者即使有提升可能也不知道。

而针对这个问题，三组都有学生建议教师增加阶段性测试，回顾反思学到的内容，加深印象，对学生的学习也能起到督促作用。

BC4：我觉得给我们一些阶段性的小测试，能让自己知道前面这个阶段的学习大概取得了一个什么成绩。

学生对于学习的反思，作为加涅教学步骤中的重要一环，不应该被课程设计者忽略，如何设计有趣有效的测试，是个值得考虑的问题。

4. 补充材料

完全翻转组	半翻转组	对照组
教师上课方式、形式、特点	教师上课方式、形式、特点	教师上课方式、形式、特点
课程目的大纲评分标准	课程目的大纲评分标准	课程目的大纲评分标准
	提供预习引导	提供预习引导
丰富学习材料	丰富学习材料	丰富学习材料
	推荐课外读物材料等	推荐课外读物材料等

补充材料记载了学生希望老师给他们增补的信息、讲义、读物等。三组学生都提出希望在课前就知道教师的上课方式、形式和特点。例如 BE5 想知道教师的上课流程，在 135 分钟的课堂时间内有一些怎样的安排；BG3 想知道教师上课是否有趣；而 BC6 想知道教师的风格，比如如果早知道教师特别会拓展，她就不死抠课本了。

同样，三组都有学生提到想在课程开始前就知道课程大纲和评分标准。如果知道了评分标准，对于一些活动就会比较重视，另外如果知道考试题型，考试的时候就会比较胸有成竹。

> BE1：我想知道老师的评分标准，就这门课，想拿到高分，应该怎么去拿。让大家都重视起来！什么 quiz，dictation，出勤，都算分数的，重视起来！
>
> BC5：我希望早点拿到课本，早点知道哪几篇课文要学。应该这么说，早一点知道期末考试的题型，期末考会涉及的这些课文，然后去把它们学好。考核形式和考核内容吧。因为老师最早的时候没有说过哪几道题会从课本里面出，我觉得这个可能提前告诉我们会比较好。

另外，半翻转组和对照组的学生也提到希望教师能够提供一些预习引导。BG2 提到希望教师能够提一下下节课大致要做什么，而 BC1 和 BC4 希望教师能够在下课前简单介绍下节课要进行什么活动，要上什么课，让学生能够准备一下。毫不意外，完全翻转组的学生没有这方面的需求，因为教师在学习平台上上传了学习视频，布置了学习作业，所以完全翻转组的学生在课下有很清晰的引导。同理，对照组的学生要求教师进行预习引导也不意外，因为教师与学生的连接并不紧密，没有用于沟通的课下群，也没有学习平台布置预习作业，有一些学生觉得迷茫也在情理之中。

除了希望教师提供课程大纲，教学计划，预习引导之外，半翻转组和对照组均有学生提到希望教师能够丰富学习材料。例如 BC1 和 BE4 希望增加一些有趣的或者重要的材料，作为课本的补充；BC6 希望教师能将概念类的知识进行系统整理，分发给学生。

此外，半翻转组和对照组的学生也提到希望教师能够推荐一些课外读物。BG2 认为教师经验比学生丰富，更能知道哪些读物符合学生英语水平，内容丰富有趣。BG1 则提出一个加分制的方法，即推荐读物并不是强制要求阅读，但是如果有人阅读了，能够获得一些额外加分，将会鼓励学生去扩展了解更多英语知识。

5. 自学建议

完全翻转组	半翻转组	对照组
做好预习	做好预习	做好预习
上课认真听讲	上课认真听讲	上课认真听讲
熟悉课文	熟悉课文	熟悉课文
	自主努力	自主努力
App		App

（续表）

完全翻转组	半翻转组	对照组
	保持阅读	
		复习重难点

最后，学生为未来的学习者提出了一些读写课的自学建议，而这些建议不仅适合学习者，也适合教师和课程设计者们，了解学生真实的学习状况。

首先，三组所有的学生都提出课前要做好预习。完全翻转组的学生指出做好预习课程的参与度会更高，在课上也会更加自信，更加积极，对整个学习是有整体的促进作用的。BE4 指出如果能在课前完成学习平台上的预习作业，上课效率会更高。另外，半翻转组也有学生指出没预习的话会跟不上，跟不上就不想听了。

其次，虽是老生常谈，三组学生都提出上课认真听讲非常重要。BE2 提出，不管能不能理解活动目的，跟着老师走，总能有一刻悟到老师的意图。BG2 认为教师课上讲的四级题型对于备考四级还是很有帮助的。而 BC4 提到老师上课的时候建议他们用 App 学习，他在使用后认为效果真的不错。

同时，三组学生也提出熟悉课文对于上课的理解和期末考试都非常重要。尤其是应对期末考试，三组学生都提到考前要多看课本。BC3 的学习方法是考前把课文都翻译了一遍，而 BC5 则建议不要钻牛角尖，能理解大致的意思就好了，不用强求理解每个句子每个词的精准的用法。

半翻转组和对照组的学生提出读写课是要靠学生自主努力才能学好的课程。教师的课堂更多的是拓宽视野，也不会有人来督促学生预习复习完成作业，学到多少，考试能考多少，四级能不能过，都是看学生自身的努力程度。在自学的范畴中，完全翻转组和对照组的学生提到了使用 App 能够帮助他们学习：BE1 使用每日英语听力来进行听说训练，BC4 使用百词斩在碎片时间进行单词的积累。BG4 建议学生保持阅读的习惯。此外，BC4 还提出复习笔记，对于重点、难点容易出错的地方，课上记下，课下复习；BC6 则提出定期复习单词和语法是最基本的。

总的来说，学生的学习离不开预习、上课、复习三个阶段。不论身在哪个小组，学生的学习方式没有太大的差异，即课前预习，课上听讲，课后自主努力。但是学生用了多大劲，取得多大成效，以及积极性的高低，可能是有区别的。

纵观学生提出的建议，教师和课程设计者们应该考虑如何平衡课程的娱乐性和学术性。学生认为的学术性不足，很可能因为课程活动的设计并没有落在他们的最近发展区内。学生反思环节的缺失，可能也是他们认为课程学术性不足的一个重要原因。

访谈札记三——B大学的大学英语视听说课程

半结构化访谈内容可被分为课程设置、学习重难点及对策、课堂交流、课堂活动和意见反馈五大主题。课程设置包括网络课程和教材内容，座位设置和考试等。学习重难点包含了学生学习过程中的主要问题和相应策略。课堂交流讲述了学生的交流喜好和问题。课堂活动介绍了学生对课堂任务的看法。意见反馈主要指学生针对课程的学习体验为教师和课程设计者们提了一些建议，也为其他选择听说课的学习者们提供了一些学习方法。

一、课程设置

在课程设置主题下，研究者将学习者的意见按照课程的部分进行了分类。学生们认为读写课的重要部分有平台课程和教材、考试、双周课程和座位设置。学生们花了大量时间学习慕课和教材内容，有喜欢的部分也有难以接受的部分。学生们普遍认为期末考试不太难，但是对于考试内容有一些意见和看法。独立组的学生在电脑实验室上课，而圆桌组的学生在互动实验课堂上课，座位设置似乎对学生的课堂体验有一些影响。最后，作为双周面授一次的听说课，有的学生认为双周跨度太大对于学习激情有一些负面影响，而有的同学认为双周也能合理安排时间。

1. 平台课程和教材

独立组	圆桌组
学习慕课和教材	学习慕课和教材
慕课练习接近学生水平	
慕课视频冗长数量过多	
平台太多很混乱	
教材内容老土	
	慕课内容和课堂内容脱节

四组学生都提到了学习慕课和教材内容是他们日常学习中的重要一环，只是学习方式略有不同，大多数学生按部就班看慕课视频完成练习，但独立组两名学生表示他们是到学期结束前一口气刷完所有慕课。CC4认为视频量大，有的学生就失去了认真学习的欲望，导致了刷课行为的发生。CC4建议视频内容可以适当

精简,突出重点部分。

说到慕课内容,学生有喜欢也有讨厌。慕课内容分为视频课程和练习两部分。喜欢慕课的认为慕课上的练习题型很符合四级考试题型,难度也符合学生的能力范围,而教材上的听力练习则太难了。CC4 也提到好些同学临考四级时说四级题型不熟悉,但是慕课练习和四级题型是一模一样的。教师可以突出主题,将四级题型标注出来,可以吸引一些以四级为导向的学生好好完成练习。不喜欢慕课的主要集中在视频课程上,有人认为慕课视频数量太多,内容冗长,也有人认为慕课内容和课堂内容脱节。CC6 表示"平台视频太长了,看了就忘,效果不太好",而 CC3 则认为慕课教师的发音以及区别于课堂的交流方式让他不太想听课,而CD5 提出课堂和慕课没有很多关联,建议教师在课堂上针对慕课里的内容再深入讲解一下,不然看过就过了,有些浪费资源。CC6 提到现在慕课变得越来越流行,不止听说课有慕课,其他课也有,一学期下来他需要学习的平台就达七个,登录账号都不统一,让他觉得非常混乱。总的来说,突出慕课主题,将慕课内容和上课内容结合,同时尽量统一学生的教学平台,是课程设置者和教师都需要考虑的问题。

最后,CC3 提出了教材内容不太与时俱进,影响他的积极性。CC4 也认为符合自身兴趣的内容听起来会更认真一些。

2. 考试

独立组	圆桌组
期中考激励学习	期末考慕课原题
期末考慕课原题	
口语考试正式化	
四级考试	四级考试

考试作为历年学生最为在乎的话题,依然在此次访谈中占有一席之地。CC1和 CC4 就明确表示很想在选课时就知道老师给分高不高。本次听说课学生的考试反馈可以分为期中考试、期末考试、口语考试和四级考试四个大类。对于期中考试,学生表示期中考试对于他们的学习是有激励作用的,刚进大学学习不是很用心,期中考试不理想,期中考后他们会学得更用心,花的时间也更多。

关于期末考,独立组有两名学生认为期末考不太难,只是走了个形式。两组均有同学提到期末考的都是慕课的原题。有的同学赞同将慕课的听力练习放到考试中,比如 CC5 和 CC4 就认为平时认真踏实学了,考试的时候就会有回报,而不认真学习慕课的人也要付出代价。然而 CC6 和 CC3 却认为考原题并不能鼓励学生平时认真学习,甚至有人平时一点都不学,反而直接背答案就能在考试中得到高分。对此 CC4 提出建议,可以适当增加一些课外听力,或者变化一下考题顺序等。

口语考试作为听说课独有的检测类型,被同学接受的同时也遇到了一些问题。比如口语考试占用了上课时间,导致两个班的学生挤在较短的时间段内快速完成相应考试,没有给学生正式的口语展示的机会。CC4 就提出:"我以为口语考试的形式是站在讲台上,下面坐着同学,对着同学讲。但是我们的口语考试就一个人在上面讲,没有那种氛围。我希望口语考试能像演讲,每个人做一个 PPT,或者就哪怕只有一个标题,我觉得也会是个很好的锻炼机会。"

虽然不是听说课的重要部分,但作为学生大学生涯中必须通过的英语四级考试,也是他们非常关注的话题。独立组和圆桌组有三名学生提到了课程对于四级考试的帮助——听说课在课堂上会抽五分钟练习四级听力,体验四级题型,这在其他课上是没有的。但是 CC4 表示没有在听说课上体验一整套四级的试卷内容还是有些遗憾,希望有机会做一下全套试卷,老师能点评一下。CD1 则建议教师可以将四级试卷下发给学生,由学生每天抽空完成,课堂上的五分钟则用来点评讲解。

总的来说,学生虽然在意考试成绩,也希望考试能够帮助区分认真学习与不认真学习的学生。口语考试能够提供给学生锻炼展示的机会。通过学生对于备战四级的反馈,教师如何真正将课堂进行翻转,最大化课堂效率,仍然是值得思索的问题。

3. 双周课程

独立组	圆桌组
想要每周两课	想要每周一课
课程间隔太长影响积极性	一周一课压力太大

读写课的课程设置是双周课程,即老师每两周面授一次。这种课程设置让学生产生了两种不同的看法,一方面许多学生认为双周面授过于影响积极性,希望能够如其他课一般进行每周面授;另一方面,也有同学认为如果作业量不减,每周面授课业压力有一些大。

想要每周面授的同学提出,两周一次课程太少了,空闲的那一周用来自学不如用来面授,毕竟教师引导下的课堂比起自习能让学生有更多的互动。CC1 认为每周面授课业压力其实可以接受,慕课上的视频一个半小时完全可以认真看完。不同于互动或者课业压力,CD2 希望每周面授的原因是两周面授一次间隔太久,课与课之间的衔接很弱,课前预习内容也会模糊,上课需要慢慢进入状态。此外,独立组有三名同学提出课程间隔时间太久对学习积极性有消极影响。CC3 认为在课上产生的积极性会因为时间的原因慢慢消失。CC6 对此也有同感:"今天课上完了,我决定下节课一定要好好学习。但是想到下次课要隔两周再上,就会认为下周再努力也来得及,要到临时抱佛脚了才会去完成作业。所以时间跨度太长很影响我的积极性。"

但是也有同学认为每周面授,课业压力比较繁重。CD3 表示如果作业量不减,虽然咬牙也能接受,但会有点无所适从。CD4 的学习习惯是没有课的那一周用来学习慕课和教材内容,如果失去了这个时间,她的学习计划就会过于紧张。

也许不同专业的学生课业压力会有所不同,虽然两组都有学生提出希望每周进行面授,但圆桌组还是有两位学生对课业压力产生担忧。有别于独立组的学生来自经济学院,圆桌组的学生来自医学院,课业压力本身可能就比较大。课程设计者可以考虑针对不同学科的学生进行个性化的教学设置。

4. 座位设置

独立组	圆桌组
电脑挡脸	围坐感觉很开放 教师不熟悉教室

独立组学生由于来自经济学院,根据学校区块设置,听说课被安排在了计算机语言实验室内,即每个人面前都有一台电脑,教师的课件会通过总控显示在每个同学的电脑上。圆桌组学生来自医学院,距离计算机语言实验室较远,听说课被安排在虚拟现实互动语言实验室内,即学生围着圆桌而坐,座位可以随意组合,教室正面有黑板和大投影仪,环绕教室的墙面有五块电视显示屏,教师可以设置由学生投影或者由教师投屏课件。对于电脑教室的座位设置,独立组学生表示电脑屏幕挡脸,影响互动效果,个人电脑用处也不大,可能换去传统多媒体教室效果会更好。

> CC1:我不喜欢电脑房,电脑房的电脑其实没有很大的用处,而且电脑房我们都是坐不满的,大家都是坐在后面,前面两排有时候

都没人坐,就感觉和老师的互动明显少了很多。由于电脑挡着脸,手机放桌子上我们就会情不自禁地拿起来玩手机。这个环境有点遮脸,可能会对积极性有一些消极的影响。

CC3:我觉得教室里这个电脑挡着头这个设计太不好了,坐在那里我就想玩手机,因为我看不到老师,老师也看不到我。

圆桌组学生对于开放的座位设置也有一些评论。CD3认为桌椅设置非常像国外的教室,整体感觉非常开放,加上听说课内容本身就涉及国外文化,整个环境对于她的学习和表达欲望是有促进效果的。但是美中不足的是,教室科技含量高了,教师对于教室的操作难度就增加了,有时候教师会因为不熟悉设备而浪费一些时间,而课堂时间又非常宝贵,学生不希望被浪费。

总体而言,学生对慕课内容的意见是比较大的,学生希望教师能够突出慕课主题,精简慕课内容,将慕课内容和上课内容进行结合。对于慕课练习,学生的接受度比较高,因为练习比较贴合学生的能力水平又符合他们的实际需求——四级考试训练。而课本内容则比较难,部分主题可能也激不起学生的兴趣。所以教师在设计课堂的时候如何帮助学生进行拔高,就是需要考虑的一个问题。另外,考试能够激励学生认真学习,考试最好也能区分学生是否认真学习,如果不学只是背了题目就能取得高分的话,会影响学生的学习热情。不频繁的课程频率对于大多数学生来说,是有消极影响的,一方面学生的学习积极性会因为时间的跨度慢慢减弱,另一方面学生学过的内容也会因为间隔过久而变得模糊。最后,挡脸的电脑教室对于注重课堂交流的翻转课堂来说可能并不十分适配,一个更利于交流的开放空间也许更适合听说这一类课程。

二、学习重难点及对策

在访谈中,基本所有学生都提及了在学习过程中的关注点,遇到了许多的问题,也慢慢摸索出一些应对方式。学习重难点被大致分为单词积累、听力和口语问题三类,而学生在攻克这三类问题时运用了听力笔记、文本对照、对镜练习等方法。

1. 单词

独立组	圆桌组
单词量拖累听说	单词量拖累听说
教师不强调单词	难词先讲一下
记单词的方法	记单词的方法

两组都有学生表示单词量的不足,或者对单词不熟悉是他们在听说过程中面临的重点问题。首先,单词量不足会让学生在听力过程中无法正确回答问题。CC1 和 CC2 表示在做听力填词题时,有时候已经知道在说什么意思,但是因为对于单词不熟悉,无法正确填空。而有时哪怕对单词熟悉,会拼会写,但在听到这个单词时,还是无法辨别。CD3 就很懊恼,明明认识的单词,但因为英语表达时有轻重音,和平时自己习惯的发音不太一样,导致无法理解听力材料的意思。另外,专有名词和不常用的单词也对学生理解造成了困难。CC3 和 CC5 就表示当讲到一个专业性比较强的话题,比如医学话题时,如果不事先准备专业词汇,是完全听不懂讲什么内容的。CD6 则举例,平时背过的 senator、mayor 之类的词,看到也认识,但因为实在不常用,听到时就完全反应不过来。单词量不足,还会导致学生在表达时词不达意。CC5 因为单词量不足,让她在表达时有种心里想说却说不出来的感觉,无法准确表达自己的想法。

学生自身遇到单词问题时,又发现教师并不把单词作为讲课过程中的重点。CC4 认为听说课对单词的要求不如读写课抓得高,"虽然上课会以一些图文来引出单词,但是老师对单词的注重要求还是少了一点。虽然有课堂小 quiz 但是也没有很注重单词"。CD1 则建议教师可以把重要词汇或者反复出现的难词在课上讲一下。

最后,学生分享了记单词的方法,主要有多读多练,乱序记忆,题目或者语境中学习,以及使用 App 等。CC1 和 CC5 认为记单词是持续性的,需要每天看,多看几遍加深记忆,CD2 补充道"可以背的时候同时手写增加肌肉记忆"。CC4 建议乱序背诵单词,否则"最前面的单词最熟悉,后面的根本不认识。翻开哪页背哪页会有更多新鲜感"。而 CD4 的学习方式与他们不太一样,CD4 不愿意每天背单词,更愿意通过大量做题来习得新的单词,"那些高频单词会反复出现在每一份试卷里,但如果你死磕不会的单词,它可能这次出现下次就没有了"。CC6、CD1 和 CD5 建议把单词放在句子或语境中进行学习,比如 CD5 认为背单词最好的方法还是在文章里记它,"认识一个单词的方法不是首先看到它是一个孤立的单词,而是首先要找到它的语境。然后不停地加深对这个单词应用的这么一个场景的学习。"最后,CD6 用到了 quizlet 来进行单词学习,"老师会把新词整理到 quizlet 上,我觉得这个方式很好,一个是帮我们整理了练习会遇到的新词,另一方面平时的碎片时间都可以利用起来"。

总的来说,学生在单词学习中是有一些问题的,这些学习问题导致他们应用单词时会产生困难,譬如在听力时辨别不出或者在表达时不会使用。如何引导学生少绕弯路,用比较有效率的方式增加单词量是教师和课程设计者需要思考的问题。

2. 听力

独立组	圆桌组
原速太快	原速太快
信息抓取	信息抓取
听力笔记	听力笔记
听力文本	听力文本
刷题	刷题

两组都有学生提到母语者原速不习惯,快到听不懂。许多同学表示平时课堂的互动都是能够接受的,但是一听原速的练习,或者当地人之间的交流,或者母语者做一些演讲或者新闻播报时,就会很不习惯。如果有背景音乐或者真实场景的杂音,更是听不清楚了。CD3 形容道"本国人用母语交流的速度犹如唱 rap,外国人听起来很困难"。

听力材料速度快,留给学生反应的时间就比较少,相对地,学生抓取信息就会产生问题。学生提到,高中做听力时,书本上是有题目和选项的,然而到了大学,尤其是四六级考试中,听力题只能看到选项却没有题目了。这种变化会让学生失去目标,本来是带着问题去听,而现在需要抓取所有信息,难度陡然变大。CC1 就评论道:"现在的听力一开始就是速度非常快地念一篇文章,你可能对这个内容就不熟悉。放完又突然问你问题,问题你也不一定能记住,然后还要看 ABCD 四个选项有没有符合的答案,我就觉得这个太难了"。CC1 认为题型变换使她必须改变听力习惯,跟不上就会听不懂,"现在做听力就会更集中,如果思绪飘了一秒就没救了"。另外还有两名学生表示,随着不断地练习,现在扫一眼选项大致能够预测题目是什么,做题问题不大,但是理解整段听力原文还是很困难的。关于浏览选项这一点,CC3 也提议,"听力之前要看一下选项,这比较有利于我们去捕捉信息。如果什么都不看就去听一段材料,可能会很懵"。除了看选项以外,学生也发展出一些自己的学习方法,比如一段听力材料反复听,或者听一句暂停一下。CC5 的学习方法就是反复听,"听力材料都是又快内容又多,第一遍我只能大概知道这个故事讲了点什么,很多细节是不知道的。然后我就会去听第二遍、第三遍,从而把故事拼凑起来";而 CC1 在反复听的基础上也注意到听力材料中的一些关键词,关键转变、语音转变的地方是非常容易有重要信息的,需要关注这些关键之处,对于提升听力很有帮助。最后,两组的学生都表示听力是一个需要日积月累、多方面共同努力才能提高的能力,平时多听多训练,习惯本国人的语速,调整好心态也是很重要的。

> CD1：最开始上这门课的时候我有点跟不上,因为听力真的太快了,或者有时候老师讲到某个单词我会听不清。大概持续了两个星期。我觉得最初可以集中大量地听,先培养一个感觉,然后再细致地把句子分析一下,这样就既有感觉了,也明白句子是什么意思了。

　　课堂上教师教过学生在练习听力时最好做一些笔记,也在课堂上做过一些笔记示范,四组都有学生提到听力笔记,有人认为听力笔记能够帮助抓取信息,有人认为做了笔记反而将注意力放到了写上而忽略了听,还有人表示这学期最大的改变是开始记笔记了。首先,两组都有学生认同听力笔记能帮助他们抓取关键信息。CC1 认为记笔记是个很好的方法,虽然可能无法做到像教师那样大段记录,但也能记一些零碎的内容,做题时能够按图索骥查找信息。CD5 在学习笔记时经历过一些困难,一开始不太适应,她认为对于听力材料要有一个整体的把控,知道这是处于什么情景下的什么内容,知道它大概在讲什么,然后再开始进行细节的记录。

> CD5：老师刚让记笔记的时候,我其实有一些不太适应。我的注意力会一部分转移到我的手上,而不是在把控听力材料到底在说什么上面。我觉得听听力首先要知道它大致在讲什么,要先把注意力放在这个语境情景里面,知道听力材料在讲什么的时候,可以开始记笔记,做一些细节的记录。如果你刚开始就记,只能抓一些小单词,不可能起到一个对这个信息材料的宏观把控上。我觉得先要知道它在讲什么,然后在需要理解一些细节的时候记下来。

有七位同学反映记笔记对于听力有一些消极影响,记了笔记容易分心,或者记录的内容没有用处。CC4 就反映“写的时候脑子停留在要写的内容上,听力就跟不上了”。而 CD3 和 CC2 的问题是不知道什么东西是重点应该记录,什么东西可以略过,“当需要回答问题时回看自己的笔记,都是些用不上的废话,和题干都不搭边(CD3)”。最后,有五位同学表示本学期最大的改变是开始学习记录听力笔记了,笔记或许可以在以后攻克听力问题时助他们一臂之力。

> CC3：我觉得记笔记是一个过程,我刚开始一记笔记就会漏一段内

容,之后会再去听一遍那个内容。我觉得这需要时间,刚开始我也很难,但是最后我会觉得我比开学的时候好一些。虽然对我来说全神贯注什么都不记去听一段材料可能印象更深刻,但是有一些细节性的东西我就记不住。我觉得记笔记需要练习吧。另外,我觉得考试的话浏览题目也很重要,这可能会为笔记提供一些比较有指向性的内容。

其次,听力文本也是学生提高听力水平的途径。CC3、CD4、CD5、CD6 都认为对照听力文本学习后,会比没有对照文本学习之前有较大的进步。CD6 有一套自己的文本学习方法,她会把听力文本打印出来,第一遍自己听,尝试去抓住一些重点;第二遍浏览一下听力材料,再去带着问题听;第三遍浏览文本后仔细听;最后一遍查漏补缺,看看自己还有什么不理解之处。在面对一些拓展材料找不到文本的情况下,CC1 运用了手机 App,将听到的音频转译成文字,进行文本对照学习。

最后,两组都有学生提到了刷题,即进行高密度、大强度的听力训练。大多数受访者认为刷题效率不是很高,每天持之以恒练习效果会更好。CC6 就提出,题目是做不完的,与其花时间听海量的题目,一遍就过,没什么印象,倒不如把一个题目听透,将关键词和语言用法研究清楚,一个流程走下来,效果会比浑浑噩噩做很多题目强。CC5 也认为题目做多了心情会变得烦躁,要是错得多了还会有抵触情绪,对整个学习状态会有负面影响,每天持之以恒地做一点效果会更好。

总结来说,学生在听力上的问题主要源于听力材料原速太快,学生抓取不到关键信息,在做听力笔记时不太习惯等。学生反馈听力笔记和文本对照学习对于听力能力提高是有帮助的,教师在教学过程中要引导学生掌握这样的学习方法。

3. 口语

独立组	圆桌组
中式英语	
不敢说	
表达不出	表达不出
会忘词	
多开口	
对镜练习	朗读法
口语变自信	口语变自信

作为听说课的重要组成部分,口语是一项重要的英语能力,也是很多学生难以克服的难题。学生的口语问题有诸如语音不地道,中式英语,不好意思说,或者想说说不出等,对应方法有多说多练,对镜练习,朗读法等,最后有部分学生表示上完听说课后对展示自己的英语口语有了一些自信。

学生的口语问题分为语音和表达两方面。谈及语音,CC3 直说自己的语音很土不洋气;CC6 觉得自己的英语很中式,没有英美人的语音语调;而 CC1 的问题是紧张不敢说,声音小、吐字不清晰。若说到表达,CC2 表示在课堂上只有比较短的准备时间,要用英语表达出自己的想法,是比较困难的;CD2 认为问题可能出在中译英的水平不行,用中文其实能说,但是用英语表达就说不出来。CC2 的问题是在很多人面前用英语说一些内容,哪怕准备得比较充分,也很容易忘词。

为了应对上述口语问题,学生自己也摸索了一些方法:CC2 和 CC5 建议平时多开口练一练,比如用英语做一些自问自答,把发生的事用英语说一遍。CC2 和 CC5 也会对着镜子做一些演讲练习,调整自己的仪态和表达,尽量把声音放大,吐字清晰。CD2 和 CD4 则推荐以朗读来滋养听说能力,把听力部分读一读,一个词一句话一段文字,字正腔圆地念出来之后会加深印象,再听到时也能更快地有所反应。

在谈及一学期后的口语感受时,CC2、CC6、CD4 都表示现在敢于开口用英语发言,心态方面变得更自信了一些。CC6 表示听说课对他实质的口语能力提升可能比较有限,但是在心态上的建设还是很可观的,他现在上台演讲不会发抖了。CD4 也认为用英语做课堂演讲对于她算是一个突破,以后也会更愿意去做一些尝试。可以看到,大量的课堂交流和输出机会可能有助于学生的口语信心建设。另外,大声、字正腔圆、吐字清晰地表达可能也能帮助学生改善畏缩不敢说的问题。教师和课程设计者要思考如何营造说英语的气氛,鼓励学生多开口,帮助学生树立信心。

总结学生遇到的问题和相应的对策,不难得出,学生的听说问题其实是综合能力共同作用下的问题:单词量不足会影响学生的听力理解和口语表达,翻译或者写作能力有限会导致学生想说说不出——学生很难把自己的想法用口语进行输出。课程总体的设计思路可能还是聚焦学生综合能力的提升,侧重一些特定知识点的掌握,会比单一强调某个听或者说的元素更合适一些。

三、课堂交流

课堂交流大致可以归类为课堂点名、课堂讨论、交流问题三项。教师会频繁抽点学生回答问题,学生对于课堂点名有支持也有压力,学生普遍评价课堂互动多而且锻炼了他们的能力,但学生在交流过程中也存在着一些问题,例如交流效率不高,缺少交流氛围等。

1. 课堂点名

独立组	圆桌组
喜欢点名提问	喜欢点名提问
	没被点名很失落
不喜欢被点名	

七位受访者提到课堂点名会让学生有轻微的紧张感,从而促使学生更认真地做课前准备,更认真地听课,也给学生更多的机会做一些意见输出和语言表达。CC1 和 CC4 表示喜欢教师挨个点名,有了这个压力学生才会用心准备。CC1 和 CC3 注意到每个学生基本都有机会回答一遍问题,尤其是平时发言不太积极的学生,给每个人的机会比较平等。CC1 和 CD1 认为被点名回答问题是个练习自己语言和英语表达的机会。CD2 甚至会因为想回答但没有被点名而感到很失落。有喜欢点名的学生也有不喜欢点名的学生,CC2 和 CC4 表示在课堂上忽然听到自己的名字会不知所措,会很紧张,不知道该说些什么。

作为课堂的组成部分,也作为考勤的手段,大多数学生都比较认可课堂点名回答问题,也有少部分学生会因为准备不足而产生紧张抵触的情绪,教师在点名之前最好能留意学生的状态,在做到把机会给更多人的基础上,邀请一些希望表达的同学,也照顾一些准备不足的同学。

2. 课堂讨论

A	C
课堂互动多	课堂互动多
	锻炼交流能力
喜欢讨论	喜欢讨论

七位受访者认为听说课的课堂互动多,交流多,学生发言机会多,课堂气氛比较好。CC6 和 CD2 认为教师上课会经常请学生讲,而其他课是老师一直在讲,感觉互动更多。CC4 评论听说课更活跃,课堂气氛比较好。CD4 喜欢教师在引入后给学生一些学生将想法简单记录的时间再进行交流。CD3 认为听说课为大家

的想法提供了一个交流的平台。

　　除了课堂交流的机会增加以外，CC5、CC6 和 CD5 更注重课堂交流的功能，希望通过课堂的英语讨论帮助他们锻炼实际交流能力。CD5 举了一个带外教购物的例子，她应用了课堂上的一些交流寒暄技巧，但是在实际交流的过程中还是会有些捉襟见肘的局促感，很多时候不知道外教在讲什么，需要依赖翻译软件进行交流。课堂活动和课堂交流能帮助学习锻炼交流能力，学生自己也需要多听多学，自己进行拓展练习。

　　CC1、CC2 和 CC5 本身非常喜欢课堂讨论。CC5 认为同学间的讨论让课堂变得很有趣，CC2 觉得教师提的一些小问题很有意思，同学之间展开讨论后会让课堂气氛变得很活跃。CC1 喜欢和教师互动，也很喜欢教师的加分政策——上课积极发言能得到额外的附加分。综上所述，课堂交流不仅能够调节课堂气氛，为学生打造一个交流想法的平台，更有其功能性——锻炼学生的实际交流能力。教师可以通过问一些吸引学生兴趣的问题，或者提出一些鼓励发言的加分政策，来增加课堂互动的强度和质量。

3. 交流问题

独立组	圆桌组
教师语速过快	教师语速过快
英语发言紧张	
同学交流效率不高	
与口语流利的同学交流	与口语流利的同学交流
认为英语氛围不足	认为英语氛围不足

　　虽然有来自两组的三位受访者表示课堂交流并不难，但还是有许多学生表示在课堂交流过程中遇到了一些问题。CC2、CC5 和 CD1 就表示教师的口语非常流利，但在说到他们不理解的单词时，就会造成困扰。CD1 评论"有的词太快了，一下子就过去了，根本听不清"；CC5 的问题是当教师用英语说一长段话的时候她会抓不住中心思想，希望教师能够停顿一下或者加一些中文。虽然教师的语速比较快，但是 CC4 也支持教师尽可能用英语进行授课，"老师的态度很友善，发音也很标准，虽然有个别词听不懂，但是不影响我进行交流。"

　　CC4 认为在大家面前说英语是很紧张的。其实 CC4 遇到的问题可能非常个人，但这也许是很多学生都有的问题。研究者注意到 CC4 也是不喜欢被点名回答问题的，会有一些不知所措，也有诸如声音大不了口齿不清晰的口语问题。不过 CC4 也补充说明,虽然不喜欢被点名,说英语也很紧张,但是在课堂上进行讨论和回答问题是一个不错的锻炼机会。所以教师在遇到性格羞涩、容易紧张的同学时应该更有耐心一些,引导他们在课堂上锻炼自己。

学生之间的交流看似热火朝天,但是效率究竟有多高呢? CC5 认为同学间的交流其实效率不太高,因为同学间会讲中文。同样,CC6 认为学生的水平很有限,两个人都不会就没什么输出。而 CC2 的策略是与口语比较好的同学或者教师进行交流,可以学到一些表达的方式。CC2 就表示,因为自身英语水平比较薄弱,比起与英美国家的母语者进行交流,他更喜欢和口语比较流利的教师或者同学进行交流。

最后,学生提到了缺少交流的氛围。这个交流氛围不仅局限于课堂,也衍生到了课外。比如在课堂上 CD2 很想就某个问题发表自己的看法,但又不能次次都举手,在一个不举手的环境中表现得过于踊跃会让她觉得很尴尬。CC5 觉得课后没有说英语的氛围,在宿舍里说会很尴尬,想说会有一些犹豫。对于他们的问题,教师和课程设计者可以考虑如何建设英语氛围,比如在课堂上设置抢答或者组间竞争的活动,在课后布置需要录音的语音作业,让学生不管喜不喜欢愿不愿意,都必须花时间进行一些英语输出。

总的来说,课堂交流能够活跃课堂气氛,为学生提供交流的机会,锻炼交流的能力。教师和课程设计者如何设计课堂活动和整体课程,从而鼓励学生在课堂上多发言,在课后营造一些说英语练习英语的氛围,是值得考虑的。

四、课堂活动

课堂活动大致可以归类为教学活动、教学感受和教学意见三项。学生点评了喜爱的教学活动,例如新闻引入、电影学习和情景对话等。同时,学生也抒发了对课堂活动的感受,认为课堂活动参与性强、实践性强。最后,针对课堂活动中的一些环节,学生也提出了一些改进意见。

1. 教学活动

独立组	圆桌组
新闻引入	新闻引入
电影片段学口语	电影片段学口语
情景对话	
看图猜词	
口语作业	口语作业

教师在每次面授开始之前，会根据当时的世界形势或者该单元的主题进行一些时事新闻引入，比如适逢美国大选，教师就选取了 CNN 的大选新闻为学生拓展一些总统选举知识、词汇和表达。一般新闻引入部分不超过 5 分钟。来自两组的十名学生很喜欢新闻引入部分，认为新闻引入很有趣，让学生迅速进入英语状态，也开拓了学生的视野。CD4 一直看中国媒体对国际时事的评价，例如特朗普抗疫、电商直播、美国大选等，她从没想过外媒如何评价这些事件，国外新闻让她的眼界变开阔了。而 CD5 认为新闻引入不仅开阔眼界，更让她感觉通过学习英语，她和世界保持着联系。

每次面授，教师会根据单元主题准备一些电影片段，让学生根据电影片段学习英语。例如在工作主题的单元中，教师准备了威尔史密斯主演的《当幸福来敲门》中的招聘片段，突出了片段中对于招聘的英语表达，一些母语使用者的词汇连读，根据电影片段也会安排学生进行课堂角色扮演或者课后录制视频上传等活动。一般电影片段学习的时间在 10~15 分钟。来自两组的八名受访者很喜欢电影片段学英语，有的认为语音上的注意事项帮助他们改善了口语问题，有的觉得电影片段本身很好玩、很吸引人，缓解了上课的疲惫感，有的喜欢课堂上大家练习发音的氛围。CD2 评论电影片段能帮助她学习一些比较地道的发音和表达，但是这些内容知识点不用太多，多了会消化不了。CD3 喜欢教师引导所有学生跟着练习连读，"我感觉大家都挺投入，像牙牙学语一样，练连读跟读。虽然不一定说得好，但感受了外国人的语速和他们说话的方式。"

课堂活动也会包含一些情景对话，主要让学生训练习得的一些表达。例如学生做完看电影邀约的听力后，教师会让学生尝试编写一段对话，并进行演绎。CC6 喜欢情景对话，认为情景对话能让学生参与进来，也喜欢通过实践来锻炼英语表达。

另外，CC3 提到了看图猜词。看图猜词是教师检测学生是否在课后认真学习听力相关单词的活动，学生根据图片内容抢答对应单词，答对的学生获得鼓励性质的附加分，看图猜词一般在展开听力活动之前，作为单词的检测和引入，时间在 2~3 分钟。CC4 很喜欢看图猜词，认为形式比较有趣，认真学习单词的学生也能够得到相应的回报。

最后，有三位同学提到了钉钉口语作业。口语作业虽然布置在课后，但是和课堂教学活动息息相关，如果课上练习的时间不够，教师就会要求学生将情景对话录音或者录制视频通过钉钉上传到圈子内。所有学生都可以通过圈子看到大家上传的语音作业。例如教师在工作主题的单元内有让学生进行招聘对话的环节。但是课堂时间不允许所有同学都进行对话演示,于是教师将对话作为课后作业布置给学生,让他们两两组队,将对话上传到钉钉圈子,并且评论至少两组同学的对话作业。CC2、CC4 和 CD6 很喜欢钉钉作业这个形式,认为给了学生一个展示的平台,也为课上没有机会展示的学生提供了机会。CC2 认为自己口语基础不好,发音不标准,平时不太自信,课堂上会选择不展示。但是因为作业是强制性的,必须去做,迫使她去展示自己的口语。说完以后她的包袱小了一些,认为说也就说了。CD6 建议教师在课堂时间允许的情况下,在课前叫钉钉作业获得优秀的同学上讲台展示自己的口语最好还能给一些附加分,鼓励大家用心做作业,用心练口语。

2. 教学感受

独立组	圆桌组
实践性强	实践性强
开拓文化视野	开拓文化视野
喜欢经验分享	
话题影响学习热情	

两组有三名学生认为听说课的课堂实践性更强,即学生能自己听自己说,学到的表达方式也能直接应用在生活场景之中。比如 CC5 提到不喜欢英语读写课上的纯语法学习,感觉很应试;相比读写课,听说课上会有对话或者讨论类的活动,操作性更强一些。CD1 认为听说课的活动不仅要求学生听懂,还要学生能够说出来,锻炼了学生的整体能力。

另外,有三名学生认为听说课的课堂活动拓宽了他们的文化视野。CC1 认为通过看、听和说感受到的文化会比通过阅读更为深刻。CD5 举了诺丁山的例子:她在学习书店时对于伦敦的小书店没有概念,在教师引用了诺丁山的电影片段后,她对于小书店的文化和感官有了更立体的了解。

CC3 和 CC4 两位同学提到很喜欢教师在课堂上对于自身学习经历,留学经历的分享。CC5 说道"我很喜欢听教师讲她踩过的坑,通过这些有趣的故事掌握一些语言上的小技巧,印象比较深。"

最后,CC4 认为话题也是影响他学习热情的重要因素。他个人比较喜欢潮流的话题,偏故事性一些,对于科技类或者概念类的话题就不太感兴趣。比如他很喜欢音乐,求职类的话题,对于网络安全就觉得有一些提不起兴致,而感兴趣的话题会让他有更大的参与感和积极性。对此,教师可以考虑将一些贴近学生生活的例子放进比较概念类的话题当中。比如学生对于网络安全可能兴趣不大,但如果他们每天浏览的微博微信也涉及网络安全问题,可能会更加吸引他们的注意。另外,教师也可以将故事性引入这些看似离学生比较遥远的话题当中,让他们了解到其实这些话题并不遥远,这样的故事也会发生在大家身上。

3. 教学意见

独立组	圆桌组
听力重难点解析	听力重难点解析
增加互动	文本对照讲解听力
更充分的活动准备	课堂视频充分利用
海外名校需要引入	增加互动
课后公布答案	更充分的活动准备
管理学生学习进度	鼓励学生课后重听

　　学生对于教学的意见主要集中在教师处理预习听力的方式上。课前教师会布置学生预习课本上的听力,在课上教师会选取比较难的片段带学生一起再听一遍。两组各有一位学生指出这样的教学方式对于他们的听力水平没有什么帮助,因为课后听不懂了到了课上还是听不懂。CC5 和 CD6 建议教师把特别难的地方剖开讲,分析得更细致一些。CC6 建议教师讲讲自己的方法,说说自己是怎么攻克这些难点的。CC5 则建议教师引导大家找出含有关键信息的标志性词汇、停顿、前后关系等,帮助大家掌握一些听力技巧。针对教师讲解听力的方式,CD6 还提出了下述教学法,建议教师参考。

　　　　CD6：我们课堂上老师一个听力材料会放两次,我觉得那个其实没
　　　　　　　什么效果,因为如果你预习的时候听了两遍,然后课上又听
　　　　　　　了两遍,这其实和听一遍没什么区别。我觉得上课老师可以
　　　　　　　给我们文本再让我们听,比如可以在课堂上听第一遍的时候
　　　　　　　给出文本叫大家边看文本边听,然后第二遍的时候不给文本
　　　　　　　直接让大家听。我觉得可以尝试这样的教学方式。

　　虽然学生普遍比较喜欢课堂上的新闻、电影片段等视频,CD1 还是建议教师针对视频设计一些问题,让大家讲一下自己的想法,既调动了积极性,又帮助同学锻炼了口语,还能充分利用视频。

　　五位受访者建议教师增加课堂的互动活动。CC2 和 CC6 希望有更多展示和

锻炼的机会。CC4 感觉小学的时候是最积极的,之后社会性越来越高积极性却越来越小,到了大学大家的课堂积极性都不高,互动活动多一些课堂效果会更好。CD1 记得有一次是用英语谜语介绍自己喜欢的人,介绍者自己会很有兴趣,参与的同学也会很想知道谜底,会有很多人愿意参与进来。

两组共三位同学希望老师在活动前能给予更多的准备,他们有些人希望教师先讲一下难词或者生词,而有的希望教师在需要学生做口语输出之前,给予学生充分的准备或者铺垫。CC1 建议教师可以提前把上课会用到的生词发到交流群中让学生提前自学,或者引入活动做得更充分一些,不然新学的生词学生不可能立刻就在听力里听出来。而 CD5 认为未经准备的发言不能真正表达她的想法,并且表达会词不达意支离破碎。她希望能够在课下查询一些资料,或者起码能够打一下草稿,来对输出的内容进行质量把控。所以 CD5 希望教师能够提前告知让学生课上会有什么活动,给学生时间做一些准备。

关于慕课的《海外名校巡礼》篇章,CC2 提议应该给学生一些文化知识铺垫,或者用英文介绍中国名校,否则用英语介绍自己本就不熟悉的海外名校,无法产生任何共鸣,听得云里雾里:"比如有一节是讲英国剑桥,里面提到徐志摩的《再别康桥》,我们之前在高中课文上也学过徐志摩,感觉那节课会比较亲切。因为我有一些中文的认知,我有一些文化基础。但谈到一些其他名校,虽然有的听过名字,但是校史文化这些都不理解。"

有两位学生提出教师可以上传课上的听力材料和听力答案,一方面可以鼓励学生重新听一下课上没有消化的内容,一方面学生也想知道自己课上练习的答案是否准确。CC1 就说,我课上做的练习很多内容都是概括的,教师的答案也有一定的开放性,我想知道我自己写的是对的还是错的,所以希望老师能公布一下答案。CD1 认为课程最后五分钟的四级练习题目可以保留,让大家在课堂上迅速练习一遍四级听力题,那个题目也可以发给同学,鼓励同学们在课后再做一下。

最后,因为听说课是双周面授,有一周学生自己在上课时间学习慕课内容,不需要到教室进行面授,而 CC3 认为自己非常不自觉,作业总是拖到最后一天草草完成,希望老师能够每周跟进一下学生的学习进度。

总结学生对课堂活动的反馈,不难看出,受学生欢迎的教学活动都有一些共同特征:有趣,实用,激发学生的学习热情,开拓学生的视野。好的教学活动不仅吸引学生的注意力,还能提供学生锻炼口语的机会,将习得的表达方式运用出来,让学生上课不累,上完后还有收获。学生的意见表明学生希望教师能够在他们学习的过程中充当一个协助者,适时地给予帮助。例如在活动前帮助学生进行活动准备,在活动中帮助学生分析重难点,在活动后帮助学生提供必需的资料用以反思。而这一活动前-活动中-活动后的流程符合完全翻转模型中的任务导向教学设计。由此可见,完全翻转模型可能是符合学生学习需求的。

五、意见反馈

在意见反馈中,我们讨论了学生的认知改变,建议增补的材料和自学建议。学生谈及一学期听说课后自己在认知上的改变,变得更重视听说能力,变得想听懂想去表达。学生反映课程缺少检测方式,不知道自己是否有提升,也对老师进行了一些补充材料方面的建议。最后,学生都认为进入大学主要靠自主学习,他们提供了一些自主学习建议,供未来的学习者以及课程设计者们进行参考。

1. 认知改变

独立组	圆桌组
认识交流的重要性	认识交流的重要性
端正学习态度	
同伴压力	
英语很酷	英语很酷

四位学生通过听说课认识到了交流的重要性。CC2 和 CD1 因为所在省份英语高考不考听力,所以一直以来不重视听力。CC2 表示上了大学才知道英语是要说出来的,以前以为能看懂能写作就可以了,现在有了要去应用要去表达的想法。同样,CD1 接触了听说课后有了想听懂英语想去表达的欲望,也表示在课上学过一些口语表达技巧是能够运用到生活中的。而 CC3 的改变是因为听说课并不以考试为导向,她开始更为关注交流本身而不是为了做题而做听力。

> CC3:我的改变是现在听力更注重真实交流应用。比如和外国人交流的时候,你要去听他说话,去理解他话里的所有东西。不再是给你一个题目去根据听到的关键词做题。所以我就觉得现在你要去理解交流的内容,加强自身的交流理解能力。

而 CC1 和 CC2 的改变是学习态度变得更端正了,不仅是学习听说课更认真,而是认为对待学习要更加努力。CC2 本科毕业后打算考研,所以需要在英语四六级中尽可能取得高分,对于课业绩点也有一些要求。如果说,CC1 和 CC2 是因为自身原因端正了学习态度,CC5 则是因为同伴压力对听力下了更多的工夫。CC5 认识到了自己和别人的差距,对待听力更认真了。CC6 表示教师放完听力材料后,自己有好多听不懂不理解的地方,看看别人都听得懂,感觉特别着急。

最后,CC5、CD3、CD5 认为学习英语是一件很酷的事。受教师的课堂新闻影响,CD3 自己在课后搜索了 TED 演讲看,认为世界变得更广阔了,而 CD5 去读了经济学人之类的英文报刊,认为英语为她带来了新的视野。

> CD3:老师上课的时候会给我们看很多视频,有时候会有 TED,慕课上也会有 TED,这改变了我的语言环境。我就想要更多地看这些励志的人,励志的演讲。我现在手机里全都是 TED 演讲。因为我之前在准备口语考试就搜过他们的演讲,现在就耳濡目染那些名人的感染力,他们的想法,他们想传达的意思,我会去改变。我觉得说英语是个挺酷的事,掌握一门语言,世界就更广阔一点。

2. 补充材料

独立组	圆桌组
阶段性检测	
教师授课方式	教师授课方式
考核方式和内容	考核方式和内容

有三位学生希望课程能够增加一些检测方式,让他们知道自己的听力是否有提高。虽然有学生表示自己习得了一些听力技巧比如做笔记,比如文本对照,也能做对更多的题目了。但是这三位学生想要看到自己的进步。CC6 表示虽然自己现在上台演讲不会发抖了,但是觉得自己的听力和高中相比没有太大的提高,想要有个阶段性检测看到自己是不是在进步。CC3 提议教师可以阶段性给学生一些检测题,让学生感受到稳步进步的感觉,比如一开始只能做出一道题,后面慢慢能做出 10 道题,这样就能让学生看到自己在进步。

十位学生想要在选课前知道教师的上课方式,上课节奏,上课好不好玩。对于已经选完课的情况下,学生想要知道教师下一节课大概会讲什么内容,上课的提问环节是什么样的。CD2 建议教师在课前为下一节课定一个小主题,给一些小提示,让学生去看一点相关的内容,为下一节课做一些准备。

十位学生比较关心课程的考核方式和考试内容。CC6 提到如果早知道课程成绩的比例,对于一些任务就会更认真,平时会更重视。CC1 表示在接触课程的时候是高中生大学第一次接触大学的课程,适应本身需要一些时间,如果能知道期末考怎么考、考什么,会减少一些迷茫的时间。

3. 自学建议

独立组	圆桌组
认真完成作业	认真完成作业
上课认真听	上课认真听
培养兴趣	培养兴趣
听力技巧	听力技巧

最后,学生为未来的学习者提出了一些听说课的自学建议,而这些建议不仅适合学习者,也适合教师和课程设计者们,了解学生真实的学习状况。

首先,四组大多数学生都提到了课下认真完成作业和课上认真听讲的重要性。认真完成作业包括课前预习作业,慕课练习作业还有课后的衍生练习作业。CD6建议学生回归课本,抓住课本上的练习,把老师布置的课本听力材料听懂。课文音频说到东西要听得到,要想得到,要写得出。另外,CC3提到课前自己听课文音频再做题,肯定会有错的地方,在课上教师讲解翻译后,将错误的地方改正的过程,是一个记忆非常深刻的学习提高的过程:"比如一个单词可能第一遍听的时候我没听出是什么词,然后第二天老师讲的时候我就恍然大悟,'是这个词啊!'这个记忆会非常深刻。"课堂听讲的时候还能做一些课堂笔记。CD5建议学生将老师讲到的经验或者技巧记下来,一些生词难词或者自己的感悟也能写一写。

有十位受访者提出培养兴趣也是一个重要的学习方法。学生培养兴趣主要是通过看英文电影、电视剧、新闻和脱口秀等节目,听英语歌曲、广播或者阅读英语小说、报纸、杂志等方式。CC2就表示对于他这样英语基础不佳的,看了课堂上的电影片段,回去会想看整一部电影,感觉乐趣也有了,英语也听了。CC5的学习方式是找一部喜欢的电影看三遍,第一遍看没有字幕的,第二遍看英文字幕的,第三遍看双语字幕的。面对特别喜欢的经典片段CC5还会做一些听写练习,即放电影写台词。

有六位受访者对听力技巧做出了评价,此处的听力技巧不是受访者分享的提高听力的技巧,而是他们对于听力方法和对所谓的捷径的评价。对于听力方法,有三位学生认为贴合自身能力范围的方法才会比较有用,超过了自身能力范围,这个方法就不适用了。CC2就表示看一些没有字幕的英文电影对她来说没有用处,太难了。CD1表示听专业性太强的听力片段或者速度太快的内容,当自己分不清句子是怎么说的在说什么的时候,不必钻牛角尖,超出自己的能力范围了。对于听力技巧,CC3 想知道一个能在短时间内提高自己听力和口语的方法,而 CC4 则认为也许应对考试存在技巧,长久的英语提高肯定是没有捷径的。

　　总的来说,学生通过听说课认识到了交流的重要性,有了听懂的需求和想说的欲望,学习目标也从应试性转到了交流性上。学生希望有阶段性的测试来看到自己的进步,也需要教师提供一些必要的信息帮助他们从高中思维转移到大学思维。最后,学生的学习离不开课前预习,课上听讲,课后自主努力三个阶段。培养兴趣,稳扎稳打,是长久学习英语的重要方式。

术 语 表

半翻转组

半翻转组为本书两次教学实验设计的一个组别,其他两组为完全翻转组和对照组。半翻转组采用了翻转教学的模式但又没有翻转得特别彻底,这也是许多教师在实施"翻转教学"会采用的一种方式。在半翻转组中,教师将课前的学习资料发给学生,学生自己观看视频讲座、学习教材内容等。然而在课堂上,教师主要还是采用讲座为主的教学方式,即教师讲课,学生听讲。

布鲁姆教育目标分类理论(修订版)

布鲁姆目标分类学自 1956 年问世以来,引起了世界各国教育界的关注。2001 年经安德森等人修订后,布鲁姆教育目标分类学(修订版)更是得到了广泛的应用。它对教学目标、教学过程中的教学活动和教学评估按 24个目标单元进行分类,构成了 72 种分类结果。修订版的布鲁姆教育目标分类由初始的一个维度修改为两个维度,即知识维度和认知历程维度,前者用于协助教师区分"教什么",后者旨在促进学生保留和迁移所学的知识。

独立组

独立组为笔者在 A 大学进行视听说课程翻转教学实验中的一个组别,与之相对的是圆桌组。实验组的学生在计算机语言实验室内上课,每人面前有一台电脑,能够连接网络,也能被教师的总机控制屏幕。当教师进行讲课时,通常会共享屏幕,即学生面前就是教师的讲课 PPT。当教师给学生时间进行小组讨论或进行活动时,教师会解控屏幕,学生能够利用各自的电脑自由浏览网络资源。

对照组

半翻转组为本书两次教学实验设计的一个组别,其他两组为完全翻转组和半翻转组。在对照组中,教师的讲课和学生的学习完全不受翻转课堂设计的影响,即教师在课堂上进行讲座式授课,学生在课后完成作业,是目前中国大学英语课程中非常常见的教学方式。

翻转课堂

　　翻转课堂是一种教学方法,在这种方法中,教学从集体学习空间转移到了个人学习空间,即教学从传统的课上转移到了课下。而课堂上的集体学习空间转化成一个灵活的互动学习环境。在这种环境中,教师指导学生应用课下所学到的知识。翻转课堂转变了传统的教学模式,在翻转模型中,用于授课的材料和资源由教师在课前提供给学生,因此课堂时间可用于个性化教学、小组协作活动和一些具有创造性的项目,以此来帮助学生掌握学习目标。这种模式允许教师花更多的时间点对点地辅导学生,更灵活地运用了课堂时间,教师的角色也从知识的提供者转变为学生的指导者、学习的促进者和课堂活动的组织者。

加涅九大教学事件

　　加涅开发了单元化的课程设计,并系统化地提出了加涅九大教学事件。九大教学事件将学习的认知方法与对教学结果或行为的关注相结合,背后的哲思是:有效的学习往往涉及一系列的"事件",这些"事件"始于将学生的注意力吸引到所教授的主题上。之后,教师使用一系列的教学步骤,向学习者解释学习目标、刺激学生回忆起已习得的相关内容、引入新的信息或刺激元素、提供学习指导、引导学习者进行演示、给予学习者反馈、对于学习者的演示进行评价,最后将教学内容从学生的短期记忆转移到长期记忆。加涅九大教学事件不仅是教学事件,也是九部分所组成的学习方法,且该方法反映了成人学习过程的相关认知阶段。

教学设计

　　教学设计是指教师为了优化教学过程,提高教学质量,以认知学习理论、教育传播理论和系统科学理论为基础,根据学生的学习特点和自身的教学风格,对教学过程的各环节、各要素预先进行科学的计划、合理的安排,制定出整体教学运行方案的过程。可以说,教学设计是教师教学工作不可缺少的一个环节,是指导教师有效教学的蓝图。

任务教学法

　　任务教学法以语意沟通为主要手段,但与此同时也试图唤起学习者对于语言形式的关注。因此,任务教学法不仅是一种方法,更是教师在教学设计中隐藏的巧思,在与学习者的交际环境中用隐性或显性的方式引起学习者对目标语言形式的注意。在任务教学法中,设计语言课程的主要单位是任务。在许多二语教学法和研究文献中,任务以多种不同的方式被定义。

完全翻转组

完全翻转组为本书两次教学实验设计的一个组别,其他两组为半翻转组和对照组。完全翻转组的教学设计遵循了完全翻转模型:即学生在课前学习教师发布的视频讲座和学习材料,进行课前讨论或完成练习;在上课过程中,学生参与教师精心设计的课堂任务,并从任务中进一步学习、内化教师的教学目标和课程重难点;在课后,学生对于学习内容进行反思。这个完成的过程遵循了加涅九大教学事件。

圆桌组

圆桌组为笔者在 A 大学进行视听说课程翻转教学实验中的一个组别,与之相对的是独立组。圆桌组学生的上课地点在外语虚拟仿真实验室内,若干学生围坐在一张圆桌前,教师的讲台前有黑板和多媒体屏幕,围绕教室一周都有若干屏幕。这些屏幕能统一投屏教师的内容,也能各自进行投屏,学生亦能将自带设施中的内容投屏到任意一块屏幕上。

参考文献

[1] LAGE M J，PLATT G J，TREGLIA M. Inverting the Classroom：A Gateway to Creating an Inclusive Learning Environment［J］. The Journal of Economic Education，2000，31(1)：30‑43.

[2] Khan S. Let's Use Video To Reinvent Education［EB/OL］.［2022‑07‑18］. https：//www.ted.com/talks/salman_khan_let_s_use_video_to_reinvent_education.

[3] WEI M. Language Ideology and Identity Seeking：Perceptions of College Learners of English in China［J/OL］. Journal of Language，Identity & Education，2016.15(2)：100‑113. http：//dx.doi.org/10.1080/15348458.2015.1137477.

[4] National Bureau of Statistics of China. China Statistical Yearbook［M］. Beijing：China Statistics Press，2012.

[5] JIN J，LIU H，ZHANG Y. A Research on Students' Needs for Follow-up Curriculum of College English［J/OL］. Journal of Education and Training Studies，2014，3(1)：116‑128. doi：10.11114/jets.v3i1.580.

[6] WANG T. Developing Public Speaking Course for English Majors［M］// WANG L，LI P. English Public Speaking in Global Context：Challenges and Innovations. Beijing：Foreign Language Teaching and Research Press，2009：134‑143.

[7] 平克姆. 中式英语之鉴［M］. 北京：外语教学与研究出版社，2001.

[8] ZHANG D Y. Public Speaking and the Development of Language Competence［M］// WANG L，LI P. English Public Speaking in Global Context：Challenges and Innovations. Beijing：Foreign Language Teaching and Research Press，2009：125‑133.

[9] ZHANG W，WANG R，CHEN J. Flipped Classroom Model Based Instruction of College English in ICT Environment［C/OL］. International Conference on Arts，Design and Contemporary Education (ICADCE)，2015：810‑814. https：//doi.org/10.2991/icadce-15.2015.196.

[10] 谭雯婷. 基于 MOOCs 的翻转式大学英语语言技能课程模式探索［J］. 高教探索，2019(08)：84‑87.

[11] SWAIN M. Communicative Competence：Some Roles of Comprehensible Input and Comprehensible Output in Its Development[M]// GASS S，MADDEN C. Input in Second Language Acquisition. Rowley，Massachusetts：Newbury House，1985：235 - 256.

[12] 蔡基刚.课程思政视角下的大学英语通识教育四个转向:《大学英语教学指南》(2020 版)内涵探索[J]. 外语电化教学,2021(01):27 - 31＋4.

[13] 王初明.语言习得过程:创造性构建抑或创造性模仿?[J].现代外语,2021,44(05):585 - 591.

[14] 江全康.交际英语教学视角下的大学英语听说教材比较研究[D].上海:上海师范大学,2012.

[15] 刘丽,刘梅华.大学生英语学习需求调查及其对英语教学的影响[J].外语研究,2008(06):68 - 73.

[16] 赵庆红,雷蕾,张梅.学生英语学习需求视角下的大学英语教学[J].外语界,2009(04):14 - 22.

[17] 崔敏,田平.大学英语教学新型评价体系的研究与实践[J].中国外语,2010,7(02):8 - 12＋37.

[18] 郭燕,徐锦芬.我国大学英语教材使用情况调查研究[J].外语学刊,2013(06):102 - 108.

[19] 王曙.也谈"思辨缺席"——对外语类大学生思辨能力培养的再思考[J].语文学刊(外语教育教学),2014(04):108 - 110.

[20] 文秋芳,孙旻,张伶俐.外语专业大学生思辨技能发展趋势跟踪研究[J].外语界,2018(06):12 - 19.

[21] 董亚芬.《大学英语（文理科本科用）》试用教材的编写原则与指导思想[J].外语界,1986(04):20 - 24.

[22] 陈国华.谈英语能力标准的制订[J].外语教学与研究,2002(06):405 - 406.

[23] 王守仁.解读《大学英语课程教学要求》[J].中国大学教学,2004(02):4 - 8＋16.

[24] 王守仁.《大学英语教学指南》要点解读[J].外语界,2016(03):2 - 10.

[25] 何莲珍.新时代大学英语教学的新要求——《大学英语教学指南》修订依据与要点[J].外语界,2020(04):13 - 18.

[26] Flipped Learning Network. Definition of Flipped Learning[EB/OL]. (2014 - 09 - 12）［2022 - 07 - 18］. https://flippedlearning. org/definition-of-flipped-learning/.

[27] DU S，FU Z，WANG Y. The Flipped Classroom—Advantages and Challenges

　　　　［C］. International Conference on Economic Management and Trade Cooperation，2014：17‐20.

［28］BERGMANN J，SAMS A. Flip your Classroom：Reach Every Student in Every Class Every Day［M］. Eugene，OR：ISTE，2012.

［29］杨晓宏，党建宁. 翻转课堂教学模式本土化策略研究——基于中美教育文化差异比较的视角［J］.中国电化教育，2014(11)：101‐110.

［30］娄伟红，陈明瑶. 大学英语"翻转课堂"之管窥：本土化视角［J］. 外语教学，2017，38(05)：69‐72.

［31］刘倩. 翻转课堂的本土化困境与游戏化策略［J］.高教探索，2018(09)：29‐36.

［32］严姣兰，张巍然，于媛. 视听说课程翻转课堂校本教学的改革与实践——以北京石油化工学院为例［J］. 现代教育技术，2016，26(02)：94‐100.

［33］公佳颖. 翻转课堂视角下的英语语音教学模式构建研究［D］. 武汉：华中师范大学，2016.

［34］孙彦彬. 游戏化翻转课堂教学模式的构建与实证研究——以"大学英语读写译"课程为例［J］. 现代教育技术，2016，26(11)：80‐86.

［35］卢海燕. 基于微课的"翻转课堂"模式在大学英语教学中应用的可行性分析［J］. 外语电化教学，2014(04)：33‐36.

［36］谢永朋，徐岩. 微课支持下的高职院校翻转课堂教学模式［J］. 现代教育技术，2015，25(07)：63‐67.

［37］胡杰辉，伍忠杰. 基于 MOOC 的大学英语翻转课堂教学模式研究［J］.外语电化教学，2014(06)：40‐45.

［38］吕婷婷，王娜. 基于 SPOC＋数字化教学资源平台的翻转课堂教学模式研究——以大学英语为例［J］. 中国电化教育，2016(05)：85‐90＋131.

［39］张靖. 微信在大学英语听说教学中的应用研究［D］. 兰州：西北师范大学，2015.

［40］谢永朋，徐岩. 微课支持下的高职院校翻转课堂教学模式［J］. 现代教育技术，2015，25(07)：63‐67.

［41］郭倩. 基于云班课 App 的大学英语听力翻转课堂教学实践研究［D］. 重庆：四川外国语大学，2017.

［42］于中根，陈文涛. Clicker 系统辅助的大学英语翻转课堂研究［J］. 外语电化教学，2016(04)：32‐37＋52.

［43］陈圣白. 基于语料库的口译翻转课堂教学模式创新研究［J］. 外语电化教学，2015(06)：31‐36.

［44］何冰艳，李群. 从教学实践看 Moodle 平台的发展趋势——以四川外国语大学

"英语读写"课程为例[J]. 外国语文,2017,33(03):130 - 135.

[45] 李晓东,曹红晖. 依托 VR 的无缝式翻转课堂研究——重塑"新闻英语视听说"课堂[J]. 现代教育技术,2017,27(12):69 - 74.

[46] TURAN Z, AKDAG-CIMEN B. Flipped Classroom in English Language Teaching: A Systematic Review[J]. Computer Assisted Language Learning, 2020, 33(5 - 6): 590 - 606.

[47] DELOZIER S J, RHODES M G. Flipped Classrooms: A Review of Key Ideas and Recommendations for Practice[J]. Educational Psychology Review, 2017, 29(1): 141 - 151.

[48] BAKER J W. The "Classroom Flip": Using Web Course Management Tools to Become a Guide by the Side[C]. Paper Presented at the 11th International Conference on College Teaching and Learning, April, 2000.

[49] LOVE B, HODGE A, GRANDGENETT N, et al. Student Learning and Perceptions in a Flipped Linear Algebra Course[J/OL]. International Journal of Mathematical Education in Science and Technology, 2014, 45(3): 317 - 324. https://doi.org/10.1080/0020739X.2013.822582.

[50] HUNG H. Flipping the Classroom for English Language Learners to Foster Active Learning[J/OL]. Computer Assisted Language Learning, 2015, 28(1): 81 - 96. DOI: 10.1080/09588221.2014.967701.

[51] ALSOWAT H. An EFL Flipped Classroom Teaching Model: Effects on English Language Higher-order Thinking Skills, Student Engagement and Satisfaction [J]. Journal of Education and Practice, 2016, 7(9): 108 - 121.

[52] Millard E. 5 Reasons Flipped Classrooms Work: Turning Lectures into Homework to Boost Student Engagement and Increase Technology-fueled Creativity[EB/OL]. (2012 - 12 - 01) [2022 - 07 - 18]. https://www.thefreelibrary.com/5＋reasons＋flipped＋classrooms＋work%3A＋turning＋lectures＋into＋homework＋to...-a0312106284.

[53] MCLAUGHLIN J E, ROTH M T, GLATT D M, et al. The Flipped Classroom: a Course Redesign to Foster Learning and Engagement in a Health Professions School[J]. Academic Medicine, 2014, 89(2): 236 - 243.

[54] ROACH T. Student Perceptions Toward Flipped Learning: New Methods to Increase Interaction and Active Learning in Economics[J/OL]. International Review of Economics Education, 2014, 17: 74 - 84. doi:10.1016/j.iree.2014.

08.003

［55］KIM M K，KIM S M，KHERA O，et al. The Experience of Three Flipped Classrooms in an Urban University：An Exploration of Design Principles［J/OL］. The Internet and Higher Education，2014，22：37 - 50. doi：10.1016/j.iheduc.2014.04.003.

［56］SAMS A，BERGMANN J. Flip your Students' Learning［J］. Educational Leadership，2013，70(6)：16 - 20.

［57］TOTO R，NGUYEN H. Flipping the Work Design in an Industrial Engineering Course［C］. In Frontiers in Education Conference，October，2009：1 - 4. IEEE.

［58］FOERTSCH J，MOSES G，STRIKWERDA J，et al. Reversing the Lecture/Homework Paradigm Using eTEACH® Web-based Streaming Video Software［J/OL］. Journal of Engineering Education，2002，91(3)：267 - 274. https://doi-org.eres.library.manoa.hawaii.edu/10.1002/j.2168 - 9830.2002.tb00703.x.

［59］BLAIR E，MAHARAJ C，PRIMUS S. Performance and Perception in the Flipped Classroom［J/OL］. Education and Information Technologies，2016，21(6)：1465 - 1482. doi：10.1007/s10639 - 015 - 9393 - 5.

［60］MAZUR A D，BROWN B，JACOBSEN M. Learning Designs Using Flipped Classroom Instruction［J］. Canadian Journal of Learning and Technology，2015，41(2)：1 - 26.

［61］文秋芳. "一带一路"语言人才的培养［J］. 语言战略研究，2016，1(02)：26 - 32.

［62］AHMAD S Z. The Flipped Classroom Model to Develop Egyptian EFL Students' Listening Comprehension［J/OL］. English Language Teaching，2016，9(9)：166 - 178. dx.doi.org/10.5539/elt.v9n9p166.

［63］SUNG K. A Case Study on a Flipped Classroom in an EFL Content Course［J/OL］. Multimedia-Assisted Language Learning，2015，18(2)：159 - 187. doi：10.15702/mall.2015.18.2.159.

［64］ENGIN M. Extending the Flipped Classroom Model：Developing Second Language Writing Skills Through Student-created Digital Videos［J/OL］. Journal of the Scholarship of Teaching and Learning，2014，14(5)：12 - 26. doi：10.14434/josotlv14i5.12829.

［65］KANG N. The Comparison Between Regular and Flipped Classrooms for EFL Korean Adult Learners［J/OL］. Multimedia-Assisted Language Learning，2015，18(3)：41 - 72. doi：10.15702/mall.2015.18.3.41.

[66] OBARI H, LAMBACHER S. Successful EFL Teaching Using Mobile Technologies in a Flipped Classroom [C/OL]. In Proceedings of the 2015 EUROCALL Conference, Padova, Italy, 2015: 433 – 438. http://dx.doi.org/ 10.14705/ rpnet.2015.000371.

[67] HAN Y J. Successfully Flipping the ESL Classroom for Learner Autonomy[J]. NYS TESOL Journal, 2015, 2(1): 98 – 109.

[68] WEBB M, DOMAN E. Does the Flipped Classroom Lead to Increased Gains on Learning Outcomes in ESL/EFL Contexts? [J]. The CATESOL Journal, 2016, 28(1): 39 – 67.

[69] COLE M S, FEILD H S, HARRIS S G. Student Learning Motivation and Psychological Hardiness: Interactive Effects on Students' Reactions to a Management Class[J/OL]. Academy of Management Learning & Education, 2004, 3(1): 64 – 85. doi:10.5465/amle.2004.12436819.

[70] CHEN HSIEH J S, WU W -C V, MAREK M W. Using the Flipped Classroom to Enhance EFL Learning[J/OL]. Computer Assisted Language Learning, 2016, 1(1): 1 – 25. doi:10.1080/09588221.2015.1111910.

[71] ZEPKE N, LEACH L, BUTLER P. Student Motivation and Engagement in Learning[C]. In Proceedings of the 32nd HERDSA Annual Conference, the Student Experience, Darwin, July, 6 – 9, 2009: 529 – 538.

[72] BONNELL C C, EISON J A. Active Learning: Creating Excitement in the Classroom[M]. Washington, DC: George Washington University Press, 1991.

[73] AL-HARBI S S, ALSHUMAIMERI Y A. The Flipped Classroom Impact in Grammar Class on EFL Saudi Secondary School Students' Performances and Attitudes[J/OL]. English Language Teaching, 2016, 9(10): 60 – 80. doi: 10. 5539/elt.v9n10p60.

[74] KOSTK I, BRINKS LOCKWOOD R. What's On the Internet for Flipping English Language Instruction[J/OL]. Tesl-Ej, 2015, 19(2): 1 – 12 [2022 – 07 – 18]. http://www.tesl-ej.org/wordpress/issues/volume19/ej74/ej74int/.

[75] BLOOM B S. Taxonomy of Educational Objectives: The Classification of Educational Goals, Handbook I: Cognitive Domain [M]. New York: Longmans, Green and Co., 1956.

[76] ANDERSON L W, KRATHWOHL D R, AIRASIAN P W, et al. A Taxonomy for Learning, Teaching, and Assessing: A Revision of Bloom's Taxonomy of

Educational Objectives, abridged edition [M]. White Plains, NY: Longman, 2001.

[77] Lankford L. Isn't the Flipped Classroom just Blended Learning? [EB/OL]. (2013 - 01 - 24) [2022 - 07 - 18]. https://ileighanne.wordpress.com/2013/01/24/isnt-the-flipped-classroom-justblended-learning.

[78] NEDERVELD A, BERGE Z L. Flipped Learning in the Workplace[J/OL]. Journal of Workplace Learning, 2015, 27(2): 162 - 172. https://doi.org/10.1108/JWL-06-2014-0044.

[79] ZAINUDDIN Z, HALILI S H. Flipped Classroom Research and Trends from Different Fields of Study[J/OL]. The International Review of Research in Open and Distributed Learning, 2016, 17(3): 313 - 340. https://doi.org/10.19173/irrodl.v17i3.2274.

[80] WERTSCH J V. Vygotsky and the Social Formation of Mind[M]. Cambridge, MA: Harvard University press, 1985.

[81] NUNAN D. Task-Based Language Teaching [M]. Cambridge: Cambridge University Press, 2004.

[82] ELLIS R. Task-Based Language Learning and Teaching[M]. Oxford: Oxford University Press, 2003.

[83] SCRIVENER J. Learning Teaching: The Essential Guide to English Language Teaching[M]. Oxford, UK: Macmillan, 2011.

[84] SAMUDA V, BYGATE M. Tasks in Second Language Learning[M]. New York, NY: Palgrave Macmillan, 2008.

[85] VAN DEN BRANDEN K. Task-based Language Education: From Theory to Practice[M]. Stuttgart: Ernst Klett Sprachen, 2006.

[86] ELLIS R, SHINTANI N. Exploring Language Pedagogy Through Second Language Acquisition Research[M]. London: Routledge, 2013.

[87] CORDOBA ZUNIGA E. Implementing Task-based Language Teaching to Integrate Language Skills in an EFL Program at a Colombian University[J]. Profile Issues in Teachers Professional Development, 2016, 18(2): 13 - 27.

[88] RICHARDS J C, RODGERS T S. Approaches and Methods in Language Teaching[M]. Cambridge: Cambridge University Press, 2014.

[89] KURNIASIH E. Teaching the Four Language Skills in Primary EFL Classroom: Some Considerations[J]. Journal of English Teaching, 2011, 5(2): 24 - 35.

[90] BAVAHARJI M, GHEITANCHIAN M, LETCHUMANAN K. The Effects of Multimedia Task-based Language Teaching on EFL Learners' Oral L2 Production[J/OL]. English Language Teaching, 2014, 7(4): 11. doi:10.5539/elt.v7n4p11.

[91] ROBINSON P. Task-Based Language Learning[M]. Ann Arbor, MI: Language Learning Research Club, University of Michigan, 2011.

[92] SEEDHOUSE P. "Task" as Research Construct[J/OL]. Language Learning, 2005, 55(3): 533 - 70. doi:10.1111/j.0023-8333.2005.00314.x.

[93] SHEEN R. A Critical Analysis of the Advocacy of the Task-based Syllabus[J/OL]. TESOL Quarterly, 1994, 28: 127 - 57. doi:10.2307/3587202.

[94] SWAN M. Legislating by Hypothesis: the Case of Task-based Instruction[J/OL]. Applied Linguistics, 2005, 26: 376 - 401. https://doi.org/10.1093/applin/ami013.

[95] PRABHU N. Second Language Pedagogy[M]. Oxford: Oxford University Press, 1987.

[96] ELLIS R. Task-based Language Teaching: Sorting out the Misunderstandings [J/OL]. International Journal of Applied Linguistics, 2009, 19: 221 - 246. https://doi-org.eres.library.manoa.hawaii.edu/10.1111/j.1473-4192.2009.00231.x [90].

[97] CHOU M H. A Task-based Language Teaching Approach to Developing Metacognitive Strategies for Listening Comprehension[J/OL]. International Journal of Listening, 2017, 31(1): 51 - 70. https://doi.org/10.1080/10904018.2015.1098542.

[98] SAMUDA V. Guiding Relationships Between Form and Meaning during Task Performance: The Role of the Teacher[M]// Researching Pedagogic Tasks, Second Language Learning, Teaching and Testing. Harlow: Longman, 2001: 114 - 119.

[99] NORRIS J M. Classroom Realities and their Implications for TBLT Research [C]. Presentation at the 4th International Conference on Task-Based Language Teaching, University of Auckland, New Zealand, 2011.

[100] GAGNE R M, WAGER W W, GOLAS K C, et al. Principles of Instructional Design[M]. 5th ed. Belmont, CA: Wadsworth Publishing, 2005.

[101] CRESWELL J W, PLANO CLARK V L. Designing and Conducting Mixed

Methods Research[M]. 3ⁿᵈ ed. Los Angeles: SAGE, 2017.

[102] ARY D, JACOBS L C, IRVINE C K S, et al. Introduction to Research in Education[M]. 10ᵗʰ ed. Wadsworth: Cengage Learning, 2018.

[103] DONOVAN J, MILLS N, SMITH M, et al. Improving Design and Conduct of Randomised Trials by Embedding them in Qualitative Research: ProtecT (prostate testing for cancer and treatment) study[J]. British Medical Journal, 2002, 325: 766 – 769.

[104] AL-ZAHRANI A M. From Passive to Active: The Impact of the Flipped Classroom through Social Learning Platforms on Higher Education Students' Creative Thinking[J/OL]. British Journal of Educational Technology, 2015, 46(6): 1133 – 1148. doi:10.1111/bjet.12353.

[105] ARBAUGH J B, CLEVELAND-INNES M, DIAZ S R, et al. Developing a Community of Inquiry Instrument: Testing a Measure of the Community of Inquiry Framework Using a Multi-institutional Sample[J/OL]. The Internet and higher Education, 2008, 11(3 – 4): 133 – 136. doi:10.1016/j.iheduc.2008.06.003.

[106] MAYER R. E Cognitive Theory of Multimedia Learning[M]// Cambridge Handbook of Multimedia Learning. New York: Cambridge University Press, 2005: 31 – 48.

[107] MAYER R E, MORENO R. Nine Ways to Reduce Cognitive Load in Multimedia Learning[J/OL]. Educational Psychologist, 2003, 38: 43 – 52. https://doi.org/10.1207/S15326985EP3801_6.

[108] CHIAPPONE L L. Hawthorne Effect[M]// Encyclopedia of the Social and Cultural Foundations of Education. New York: Sage Publications, 2008.

[109] ISHIKAWA Y, AKAHANE-YAMADA R, SMITH C, et al. An EFL flipped Learning Course Design: Utilizing Students' Mobile Online Devices[C]. Proceedings of the 2015 EUROCALL Conference, 2015: 261.

[110] ELLIS R. Focus on Form: A Critical Review[J/OL]. Language Teaching Research, 2016, 20(3): 405 – 428. doi: 10.1177/1362168816628627.

[111] BIGGS J B. Student Approaches to Learning and Studying. Research Monograph[M]. Hawthorn: Australian Council for Educational Research Ltd., Radford House, 1987.

[112] Miller H. Rethinking the Classroom: Spaces Designed for Active and Engaged

Learning and Teaching［EB/OL］.［2022 - 07 - 18］. https：//www. hermanmiller. com/en _ gb/research/categories/white-papers/rethinking-the-classroom/.

索 引